東海道57次

志田威

ウェッジ

はじめに

近年、街道歩きが盛んです。歩きながら街道に関する歴史、地理、文化、自然などを学べば、健康増進を兼ね、より充実したウォーキングとなることから、街道歩きが増えているようです。

東海道の場合、木曾路ほど往時の街並みが残りませんが、要人の通行に使われたり、川越し・海越えなどの難所もあり、さらには横浜開港といった歴史的出来事など、幅広く学び・見るべきものが多く、他の街道にはない魅力があります。かつての幕府調査でも東海道編が最も詳しく記録されています。

現在も東海道沿いには各種資料館が置かれ、往時を伝えます。多くは特定の分野に特化した小さな資料館ですが、宿場ごとに分野が異なることが、かえって楽しみでもあります。

東海道の宿場町を訪ね始めたころは、往時の街並や遺構への期待が高いために、十分な満足感を得られずに帰宅することもありました。しかし街道に置かれた解説板をじっくり読み、また資料館に極力立寄るようにしたところ、学ぶことが多く、東海道を訪れるのが楽しみになりました。江戸時代の生活・文化を始め、幕府に関わる諸事象について実情がわかると、専門書以上の知識も得られ、有意義な散策となります。東海道を歩けば、ドラマに出てくる歴史の真の現場に出会えることが徐々にわかってきました。

たとえば、薩埵峠東麓の望嶽亭藤屋さんにはフランス政府から15代将軍慶喜に贈られたピストルが展示されています。その経緯をお尋ねすると、慶応４（１８６８）年３月15日の江戸城無血開城に関係するもので、正に今日の東京と東海道の繁栄に関係した貴重な遺構であることがわかり、びっくりします。

　間の宿・六地蔵（滋賀県）には小休本陣《こやすみほんじん》・大角家が現存し、多くの大名や明治天皇も小休止した上段の間やお庭も拝見できます。小堀遠州作の庭が保存された施設内部をゆっくりと見学でき、小休本陣の役割、接客準備や生業であった製薬業などについても学ぶことができます。

　さらに守口宿まで行くと街道に面して盛泉寺《じょうせんじ》という古刹があり、「内侍所跡」と彫られた石柱が建てられています。ここでは慶応4年3月に仮設の内侍所に神器を奉安して宮中行事が行われました。これは「新首都を大坂に」という、大久保利通の考えに連動した行幸があったことを示すもので、このようにほとんど知られない歴史的舞台が現存しています。

　これに準ずる話や遺構は各地に埋もれており、東海道は「幅広く学ぶ気持ち」に応えてくれる街道です。この心構えで出掛けると収穫も大きく楽しいものです。

　私が蒲原宿に開設した資料館（「東海道町民生活歴史館」「東海道57次・中山道67次交流館」など）はいずれもささやかですが、県外の学校や、各地からの団体も来館されます。そこで先生方に話を聞くと、今日の社会科は教えることが増え、宿場の歴史などに十分な時間が割けないようです。家康が主要街道に伝馬制を敷き、全国掌握に活用したことも、概要が伝えられない時代になりつつあります。

　しかし「**宿駅使命は人馬継立と継飛脚で、その場所は問屋場《といやば》」であったことなど基本事項は伝承したいものです。**

　宿駅伝馬制になぞらえ「駅伝」と名付けた日本生まれの街道リレーが世界的スポーツに成長し、「エキデン」は既に国際語となりました。「駅伝をオリンピック種目に」という要望がある中で、本家本元で宿駅伝馬制が伝承されないのは、残念でなりません。宿駅の中心である問屋場は最近の案内板には「とんやば」と書かれる例が各地に見られます。このまま行くと江戸時代の真の交通・通信実態が誤って伝承されかねないという懸念が募ります。

　宿場町を設けるに至った宿駅伝馬制は徳川家康が関ヶ原に勝利して最初に手掛けた重要施策であり、江戸時代の最重要制度の一つで、後世に正確に引き継ぎたいものです。

「家康は関ヶ原に勝利し、翌年には江戸から京までに53の宿駅を置きました。」とか「江戸時代の東海道は日本橋から京まで」という解説を各地で見かけます。しかし実際には、宿駅伝馬制が開始された慶長6（1601）年より遅れて指定された宿駅は多く、家康は53の宿駅は知らずに世を去っており、東海道の全宿駅が揃うのは23年遅れで、3代将軍の時代です。

大坂の重要性を熟知していた家康は、大坂夏の陣で豊臣家を滅亡させると、2代秀忠に東海道大坂延長などを指示します。これを受け幕府は街道延長や大坂城代の発令、大坂城の再建など西国対策を次々と展開します。このうち、東海道が大坂まで延伸されたことはほとんど周知されていません。

現在の守口宿を歩きますと、市教育委員会が設置した街道案内に「**幕府の公称した東海道は江戸から大坂までの57次とされています。57番目の宿場として守口宿が整備されたのは元和2（1616）年……**」との記載があり、大坂夏の陣直後の東海道大坂延伸を明示しています。

街道・宿場散策は軽い運動にもなり、気軽にできる課外授業でもあります。老若男女を問わず全ての年代が興味を持ち、楽しめるもので、多くの方にお勧めしたいと思います。

本書では四つの分野に分けて解説し、第5章では「学ぶ東海道」のモデルコースをご紹介します。

第1章では、家康が慶長6年に定めた京までの宿駅伝馬制が2代秀忠・3代家光に引き継がれ、「**京までの東海道53次のほかに、大坂までの東海道57次が併存した**」こと、さらにはこれを裏付ける古文書にも触れながら「東海道の実態」をご紹介します。また、多くの浮世絵を残した**広重はこの二つの東海道の内、京への東海道だけを描いており**、その思惑を推察しました。

第2章は、東海道と縁の深い徳川家康について纏めました。家康と関係深い岡崎・浜松・駿府の関連遺構をご紹介し、また家康の心遣いが各地に残されていますので、その一部をご紹介します。

第3章では、まず宿駅中が注目し気を遣った「重き通行」、即ち重要人物の旅について、その対応も含めご紹介し、後段では「軽き人」と区分された一般町民の生活や文化面について解説します。

第4章は江戸期の旅について、公用以外に町民が出掛けた様々の旅やその難所、往時の旅支度、所要日数・費用等々についてまとめました。

第5章は、街道ウォーキングに無縁であった方にもまず「お試し散策」に出られるよう、12コースを選んでみました。資料館などに立寄られれば、コースの見どころなどもわかり、散策の実があがると思います。

この本で東海道や宿場の状況、江戸期の生活などをご理解いただき、時には街道散策されて、近代国家の基礎作りに寄与した街道施策を正確に伝承し、併せて読者の皆様が健康になられることを願う次第です。

平成27年4月

志田　威

東海道57次【目次】

第1章

東海道は57次だった

幕府管理の「57次」と広重の描いた「53次」

1

3代で築いた「大坂までの57次」

変化を続けた東海道

律令時代には主要街道に駅家《うまや》を設け、そこに人足や駅馬を置いて、旅人を支援しており、このような「駅制」は奈良時代にはすでに定着していました。京から大宰府へ向かう山陽道には駅ごとに20疋ずつ、東海道では10疋ずつの駅馬を準備していたのです。しかし戦国時代になると、統一された街道施策は見られず、地域ごとに異なった管理とならざるをえませんでした。

これを目の当たりにしていた徳川家康は関ヶ原の戦に勝利すると、全国支配をスムーズに行うには、統一された街道管理とその掌握が不可欠と考え、ただちに街道管理に着手しました。

2代秀忠以降も街道管理を重視し、五街道（東海道、中山道、甲州道中、日光道中、奥州道中）のほかに日《にっ》光例幣使道《こうれいへいしどう》・美濃路・本坂道などの脇往還《わきおうかん》も含め、主

関宿の町並み

要道を直接管理しています。街道管理を全国統治策の中心に据え、江戸幕府265年に及ぶ長期支配へと繋げたのです。

この宿駅伝馬制の中心的役割を果たした駅（宿駅、現在の言葉では宿場）と街道には歴史や魅力が詰まっており、知られざる重要事実もあります。

そこで、東海道とその宿駅について、光の当て方を変えながら、歴史的事実を掘り起こし、また街道の現状について、往時の遺構中心にアプローチし、その周辺事情なども含めて、ご紹介します。

家康以前の東海道

律令時代は、九州から東北地方までが「五畿七道《ごきしちどう》」という行政区域に分けて統治されていました。その七道の一つとして東海道の名が登場します。七道は西海道、南海道、山陽道、山陰道、北陸道、東山道、東海道ですが、これらはいずれも街道ではなく、行政範囲を指しました。すなわち、当時の東海道は線でなく、広い地域のことでした。

具体的には「東海道は西の伊賀・伊勢から東の常陸までの15カ国にまたがるエリアで、現在の都府県では三重県から茨城県に及ぶ広範な地域」です。しかし、これらの国府を結ぶ街道のうち、東西を結ぶ最も中心的街道が、いつしか東海道と呼ばれるようになりました。いわゆる、古代東海道です。

律令時代の官道には駅家が置かれましたが、当時は旅人が少ない時代であり、〝交通網〟とは程遠い状況でした。

曲金北遺跡古代東海道　[写真提供：静岡県埋蔵文化センター]

鳴海宿近くの笠寺一里塚

しかし、戦国時代に入ると諸侯が自らの信念に基づき個別に管理したため、統一性のない街道管理が行われました。今川義元は駿河中心に「一里拾銭」の制度を設けています。1里について10銭の駄賃で1日5疋までの伝馬を使える制度でした。織田信長は関所を撤廃し、松や柳の並木を整備し、豊臣秀吉は関所廃止のほか、一里塚の設置・宿駅への人馬手配を進めています。しかし、これらはあくまでも自らの領内での話に過ぎず、徳川家康が関ヶ原の勝利から間もない慶長6（1601）年に、確固とした街道管理策を打ち出すまでは、明確な街道政策は見られません。

家康が始めた「東海道宿《しゅく》駅《えき》伝《てん》馬《ま》制《せい》」

徳川家康は慶長5年9月15日に関ヶ原の戦に勝利すると、ただちに大久保長安など3人に街道調査を命じ、わずか3カ月後の慶長6年正月には江戸と京を結ぶ新たな東海道を定めました。そしてこの新東海道に約40

カ所の宿駅を選定し、「伝馬朱印状」と「伝馬《てんま》定書《さだめがき》」（御伝馬《ごてんま》之定《のさだめ》、伝馬之定）を下付したのです。

この40程の宿駅には、人足36人と伝馬36疋を常備させ、次の宿駅までの送客を義務付けました。いわゆる「東海道宿駅伝馬制」です。

これにより公務旅行の役人は、十分な準備が無くとも安心して地方に出掛け、管理業務に専念できました。

最初に設定したのは、朝廷との関係を重視し、「江戸と京を結ぶ東海道」でした。当初から大坂までとしなかったのは、大坂城に君臨する豊臣秀頼と淀君に関与させたくない思惑も関係したと思われます。

宿駅に選定され「伝馬朱印状」と「御伝馬之定」を下付されると、各宿駅は例え農繁期であっても、公用の役人を次駅に送り届ける義務が生じ、宿駅一体となってこの使命を遂行しました。

宿駅ごとに人足も馬も交代し、駅伝のように繋いでゆくことから「人馬継立」と呼び、各宿駅が責任を持って行う業務ですので「宿継」ともいいます。

この任にあたる馬を「伝馬」と呼んだことから、人足も「伝馬人足」とも呼び、この制度の中心的存在でした。宿駅が連携して行うこの街道輸送制度（交通制度）を現在は「宿駅伝馬制」と呼んでいます。

この伝馬業務を命ずる証書、すなわち宿駅認定証に相当するのが「伝馬朱印状」です。同時に各宿駅に対し、具体的に常備させる伝馬数や伝馬範囲、さらには年貢の減免などを通知しますが、その通達書に相当するのが「御伝馬之定」です。

家康が慶長6年に東海道各駅に下付した伝馬朱印状などは次のような内容です。

❖吉原宿に下付した「伝馬朱印状」

定	さだめ
此御朱印なくして	このごしゅいん　なくして
伝馬不可出者也	てんま　いだすべからざるものなり
仍如件	よって　くだんの　ごとし
慶長六年	慶長6年
正月日	1月
吉原	よしわら

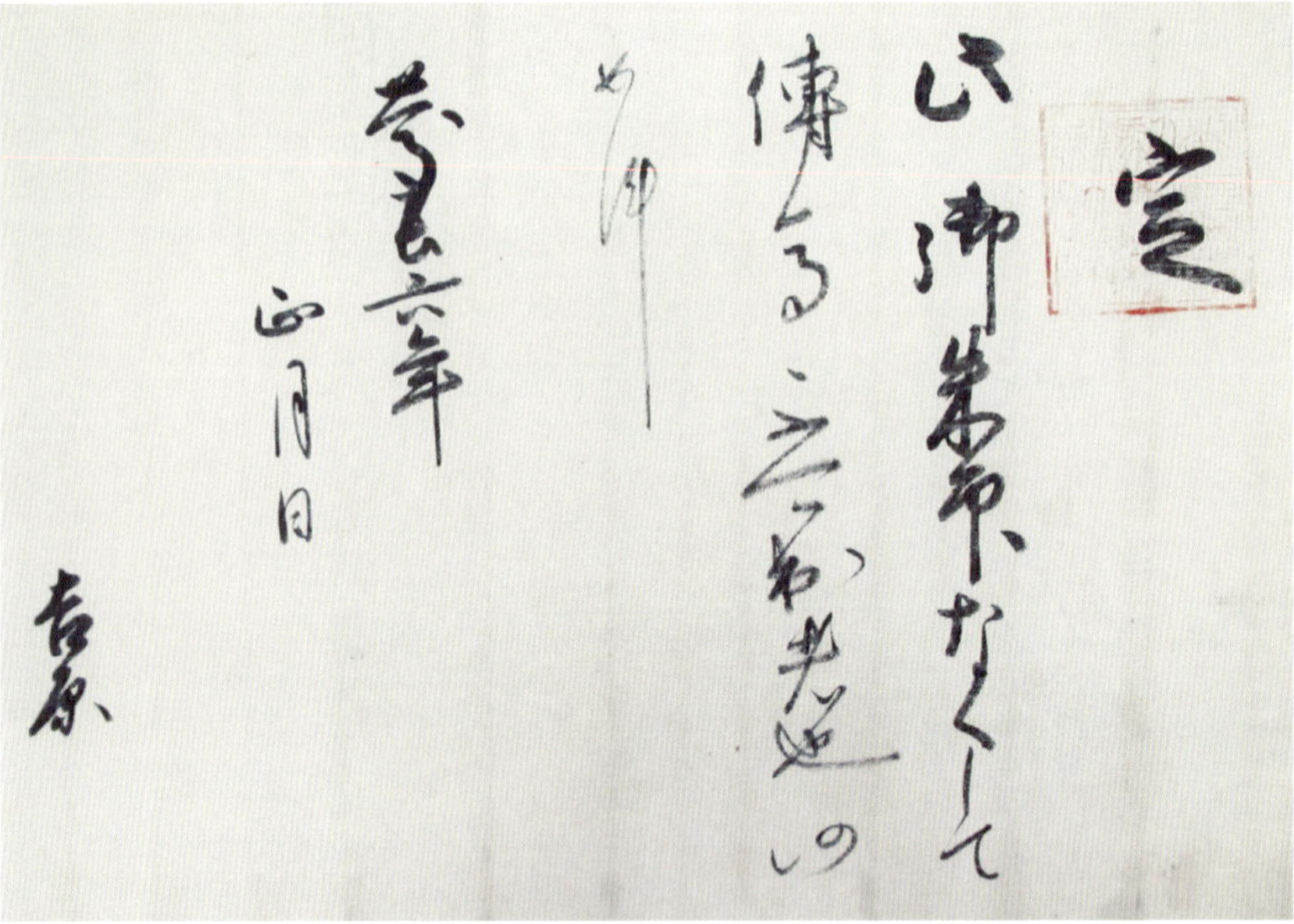

吉原宿伝馬朱印状（複製）［富士市立博物館蔵（原本は矢部家蔵）］

❖藤枝宿に下付した「御伝馬之定」

御伝馬之定

一、三六疋に相定候事、

一、上口ハ嶋田迄、下ハ丸子迄之事

一、右の馬数壱疋分に、居屋敷七〇坪宛下さる候事

一、坪合二五二〇坪、居屋敷を以可被引取事

一、荷積は一駄に三〇貫目のほか付被申間敷候、其積は秤次第たるへき事

右の条々相定上者、相違有間敷者也

慶長六年　伊奈備前　印

丑正月　彦坂小刑部　印

大久保十平衛　印

藤枝

年寄中

この「御伝馬之定」の意味することは

・常備すべき伝馬数は36疋。

・担当する伝馬業務は「上りは嶋田宿まで」、「下りは丸子《まりこ》宿まで」とする。

・伝馬1匹につき屋敷地70坪を与える。
・伝馬総数（36疋）分として総計2520坪（年貢対象地）を減ずる。
・伝馬に積む荷物総重量は30貫までとする。荷の重量は秤計測による。

と伝馬数・伝馬業務の範囲・年貢対象地の除外面積（年貢の減額）などを伝達しています。

これには常備すべき人足数は記載されていませんが、伝馬数と同数とみなされました。

伝馬の範囲について、
上りは　嶋田宿まで、
下りは　丸子宿まで

と具体的に宿駅名が記載されています。これにより、藤枝宿から丸子宿まで旅人と荷物を送り届けた段階で、例え人馬ともに次の府中宿まで行く余裕があったとしても、丸子宿より先に行くことは認められません。

この定が指定する範囲は絶対的なものであり、この方針は徹底されました。すなわち業務・営業範囲は「隣の宿駅まで」と行動領域が限定されたのです。帰路は、丸子宿から藤枝宿まで仕事なしに帰ることとなりますが、これは「他宿の顧客を奪うべきではない・関わるべきではない」という基本的考えに基づくからです。これにより伝馬による輸送は「自宿から隣宿までの片道輸送」という基本形態が確立しました。

この交通の基本的考え方は明治以降のタクシーなどの陸運行政に引き継がれています（現在は東京から横浜まで送客したタクシーが、帰路に横浜の顧客を東京まで運べるよう改善されましたが、明治以降の交通行政には家康の伝馬方針が根強く反映され、当初は空で帰るのが基本でした。観光バス免許に基づく発地・集客地などの制限も宿駅伝馬制の名残りと見ることができます）。

ところで、この慶長6年に藤枝宿へ下付した御伝馬之定には一つ江戸寄りの岡部宿の名が登場しません。これにより、岡部宿の伝馬開始時点は当初からでなく遅れて選定されたと考えられます。

街道を歩いていると解説板には「家康は慶長6年に

江戸と京の間に53の宿場を置きました」と記載されることが多いですが、実際はこのように遅れて選定された宿駅があることは明白で、家康自身は53の宿駅を知らずして亡くなっています。家康の他界後に選定された主要宿駅には没後2年の箱根宿、7年後の川崎宿、8年後の庄野宿などかなりの数にのぼります（岡部宿に下付された朱印状が現存すれば、これに選定年月が明示されており明確となりますが、さもないと、このように前後の宿駅に下付された御伝馬之定などで推定することとなります）。

この伝馬朱印状や御伝馬之定の多くが焼失しているため、家康が慶長6年に伝馬制を開始した時点での宿駅数は40程度と推定されますが、断定できないのです。

また、家康は無賃で旅させたい者には「継立区間と必要人馬数を記載し、駒牽朱印《こまびきしゅいん》を押印した書面」（伝馬手形）を渡しました。この伝馬手形を各駅の問屋場に提示すれば、記載数までの人馬を無償で利用できました。

たとえば伊勢大神宮に奉仕する尼・慶光院に慶長8年3月5日に与えた伝馬手形は以下の内容です。

❖「伝馬手形」

伝馬朱印を押印

京よりえとまで伝馬三疋、人そく二人、以上

慶長八年三月九日

と書かれており、「京都から江戸まで伝馬3疋、人足二人を無料で利用できる」と言う内容で単に区間と人馬数だけを記載し、文頭に御朱印を押印した簡単なものでした。

この前月に家康が将軍に就任したので、慶光院は伏見城にいる家康の元へ祝意を伝えに参上し、その際、家康は慶光院がさらに江戸の秀忠のところへ行くことを知り、この伝馬手形を渡したと思われます。

宿駅伝馬制の恩恵に預り、無賃で人馬を利用できるのは、

すなわち、

「朱印が押印された伝馬手形」の持参者

・公用役人

・勅使・公家など将軍が必要と判断した人物

または、

「幕府高官からの御証文」持参者

に限定されました。

したがって参勤交代の大名といえども伝馬や伝馬人足の利用は有料です。

この宿駅伝馬制により、役人は移動・運搬について何ら心配することなく旅することが可能となり、全国統治への基礎が整ったのです。家康が関ヶ原の戦直後に手掛けた重要施策の第一段と言うべきもので、これが２６５年に及ぶ江戸幕府による地方統治のベースになりました。

宿駅は朱印状を提示する公用旅客や、御証文持参者に対しては、無賃の人馬提供を余儀なくされましたが、他の旅客からは駄賃収受が許されたので、伝馬制は宿駅財政に大きく貢献しました。したがって宿駅に選定されなかった街の中には伝馬業務を熱望し、幕府に陳情を重ねる街もありました。川崎もその一つで、再三再四の陳情が功を奏し、元和９（１６２３）年に宿駅に昇格し、伝馬業務を開始しました。

御嶽宿に下付した伝馬掟朱印状（複製）［中山道みたけ館蔵］

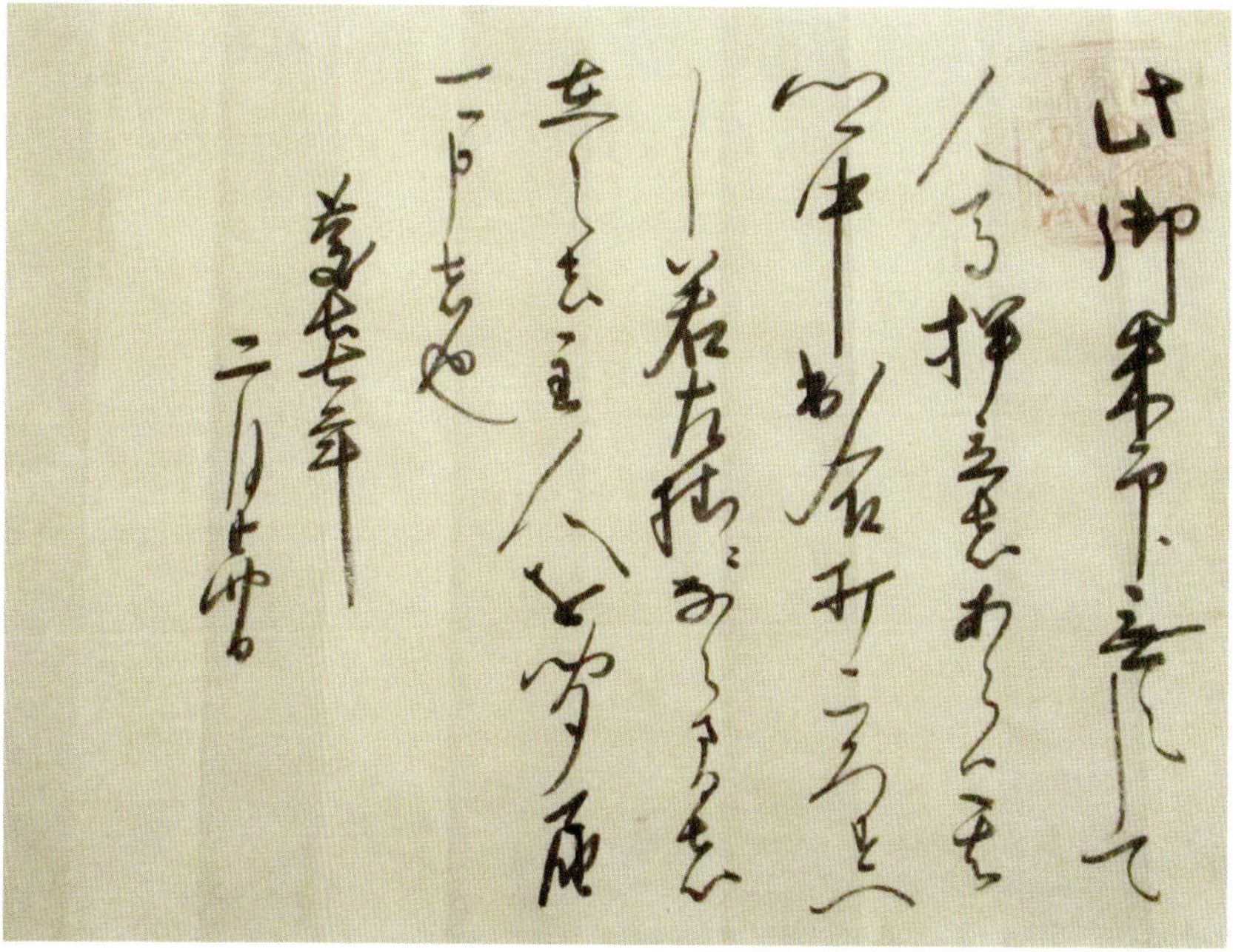

家康は慶長７年６月に「路《ろ》次《じ》中《ちゅう》駄《だ》賃《ちん》之《の》覚《おぼえ》」を下付し、宿駅間の駄賃を通達しました。具体的には江戸町年寄の奈良屋市右衛門と樽屋三四郎の二人が各宿ごとの駄賃を定め、大久保長安など奉行衆が裏書した駄賃定書として伝達されています。

このように家康の意を受け、奉行衆や町年寄が連携して細部を定め、各駅を指導して宿駅伝馬制を定着させました。

家康は慶長７年に大津宿を加え、さらに慶長９年には日本橋から１里（３９２７メートル）ごとに塚を設け、塚上には目印となる樹木を植えるよう命じるなど、徐々に街道施策を充実させてゆきます。

なお、東海道が宿駅伝馬制を開始した翌年に同じくこの制度を開始した中山道御嶽宿には「此御朱印無之して　人馬押立者あらば　其郷中出合打ころすべし　若左様にならざる者　在之者　主人を聞届可申者也」（慶長７年２月24日）と認めた伝馬掟朱印状を下付しました。３月７日に出した木曽谷代官や岐阜町中宛の伝馬掟朱印状もほぼ同文であることを考えると、伝馬制度を着実に根付かせるため中山道には東海道以上に厳しい姿勢で臨んだことがわかります。

伝馬朱印状に押印する朱印は「駒牽朱印」という４文字のほか、「伝馬を牽く人足」が彫り込まれた印です。漢字中心の時代に絵入りの朱印は非常に珍しい貴重な印鑑です。

２代秀忠が大坂まで延伸

徳川秀忠は慶長10（１６０５）年に将軍となり、大御所・家康の意を汲みながら着実に全国支配を固めました。慶長19年からの大坂の陣では家康を支えて豊臣軍と戦い、翌年の夏の陣で豊臣家を滅亡させました。慶長20年５月８日のことです。この結果、大坂地区を完全に掌握し、その後ただちに、東海道の大坂延伸に着手しました。大坂の重要性を熟知した家康の意向を受けたものといわれます。

元和５（１６１９）年には西国大名の監視を主眼に大坂城代を置き、また翌年には大坂城再建に着手していますが、これらに連動する重要な決断で、「街道管理の積極的見直し」というべきものです。

なお、大坂城完成は寛永6（1629）年のことで、東海道大坂延伸とともに、大坂重視を具体的に示したものです。

東海道延長には、逢坂関《おうさかのせき》跡を越えてしばらく京方面に進むと髭茶屋追分《ひげちゃやおいわけ》と呼ぶ分岐点があります。そこから左に向かう伏見街道を「大坂への東海道」として再整備し、新たに東海道伝馬制を導入したのです。

最終的にこの延長部分に伏見・淀・牧方《ひらかた》（注　江戸時代は枚方宿を「牧方」宿と表記）・守口の4宿を置き、東海道として幕府が直接管理しました。

大坂まで延伸された東海道には、豊臣秀吉が文禄3（1594）年に毛利・吉川・小早川の3大名に整備を命じた文禄堤《ぶんろくづつみ》が含まれます。この文禄堤は完成後「京街道（大坂街道）」として地元民に親しまれていたので、東海道に編入されても、町民達は「京街道（あるいは大坂街道）」と呼び続けました。

豊臣秀吉を「太閤さん」と慕ってきた町民の気持ちの表れでもあります。

なお、髭茶屋追分から三条大橋までの街道もそのまま東海道として管理され、京への人馬継立も継続されました。大坂へ向かう東海道は京に入らず、髭茶屋追分から左へ分岐しますので、詳細に表現すると「大坂までの東海道の延長」ではなく、「髭茶屋追分からの東海道分岐・延長」となります。その後、幕府は西国大名に対し参勤交代時に京へ寄らないよう指示しますが、これは各大名が朝廷に近づくことを嫌ったものです。

守口市には「大坂夏の陣の翌年・元和2（1616）年に東海道守口宿の誕生」を示唆する資料があり、これによれば大坂（当初・京橋口、後に高麗橋《こうらいばし》）までは豊臣家滅亡直後に東海道となったことになります。守口宿を除くほかの3宿の設置年は必ずしも明確ではありませんが、延長部の4宿は元和年間初期には揃っていたといわれます。

3代家光が57次を完成

3代家光は将軍就任直後の寛永元（1624）年に、石薬師宿〜亀山宿間に東海道最後の宿駅である「庄野宿」を設け、これにより江戸〜京は53宿・53継立に、江戸〜大坂は・57宿・57継立となりました。

寛永元年後も津波などで宿駅・街道の付替えはありますが、新たに伝馬を命ぜられた町は見当たりません。

このように「京までの東海道53次」並びに「大坂までの57次」は家康から家光までの３代の将軍がかかわって築いた東海道宿駅伝馬制です。ちなみに中山道67次には伏見宿（岐阜県）のように、中山道宿駅制定の慶長７（１６０２）年から92年遅れで設置された宿駅もあり、５代将軍綱吉までかかって67宿が揃いました。

幕末までの街道管理

前途の通り、東海道の宿駅、すなわち人馬継立を行う宿駅は寛永元年までに揃いましたが、利用者は時代とともに増え続け、さらなるソフト面の拡充が必要でした。

寛永12（１６３５）年の武家諸法度により参勤交代制が規定され、大名一行による大移動が始まると、伝馬業務は多忙を極め、継立体制の改善が必要となり、最終的に次のように改められました。

街道ごとの宿建人馬数（基本）

東海道	１００人	１００疋
中山道	50人	50疋
甲州・日光・奥州道中	25人	25疋

なお、この基本の宿建人馬数は、旅人数が都市周辺と山岳部ではかなりの差異があることもあり、道中奉行は各地域の要望も採り入れ、柔軟に対応しています。たとえば中山道は天保14（１８４３）年の調査によれば、基本の50人50疋通りの人馬を準備した宿駅は49カ所に過ぎず、半分の25人25疋の常備でゆるされた宿駅数が18カ所にも及びます。逆に日光道中では、基本の25人25疋を上回って50人50疋を常備した千住・草加・越ヶ谷の３宿、35人35疋の粕壁宿もありました。幕府は街道の実態を見ながらきめ細かく対応していたことがわかります。

万治２（１６５９）年に街道管理の責任者として道中奉行が発令され、宿内管理から、並木、一里塚、橋の架け替えに至るまで、道中奉行が指導することになります。

時代とともに旅人が増える中、不当な要求をしたり、横暴に振る舞う者が出現し、宿駅と助郷村には不満が募りました。

そこで、6代将軍家宣は改革に着手します（正徳の改革）。しかしながら旅ブームもあり道中は益々賑わい、それに比例するように幕府役人・公家・大名一行などの不法行為も続きました。

11代将軍家斉は寛政の改革の一つとして寛政元年に取締令を出し、さらに文政4（1821）年に同じ取締令を再布達しました。これにより、

・御朱印・御証文記載の人馬数厳守
・脇往還通行の禁止
・大名の本陣宿泊の徹底

等を行っています。

宿駅制に関する文政の改革は、単に法令を出しただけでなく、これに基づき徹底的に実行させるよう、老中首座・水野忠成以下、固い決意で臨みました。

その関係で道中奉行所への問い合わせも増えています。大名であれば基本的に老中に問い合わせ、老中はこれを道中奉行に審議を命じ、その結果を回答します。公家であれば京都所司代経由で老中に問い合わせるのが一般的でした。

このほか、各レベルで幕府関係者に問い合わせを行っており、幕府道中奉行所は将来に備える必要から関係文書を分類整理し「五街道取締《とりしまり》書物類寄《かきものるいよせ》」として編集しています。

この中に東海道の宿駅について触れている文書があり、いずれも「東海道の宿駅は品川から守口まで」と記載しています。この宿駅名の明示により「東海道は江戸から大坂」ということが明らかとなります。ほかにも17世紀中頃から幕末までの書類・回答文などを見ると、時代や役職を越えて街道関係者には「東海道は大坂までで、その間の継立は品川宿から守口宿の57継」と伝達されていたことが明らかとなります。この古文書類については、本章第3項でより詳しく紹介します。

1860年代に日本を訪れた写真家、F.ベアトによる東海道・小田原付近　[長崎大学附属図書館蔵]

2 宿駅伝馬制に組み込まれた街の様子

宿駅伝馬制の主目的は「公用の旅を支援する」ことです。このため、

・人足と馬を常備させ、幕府役人や公文書を無償で次宿に送り届ける業務（人馬継立）を義務づける
・公用（朱印状・御証文持参者）以外の旅人に対しては有償で継立を行い、その代わり休泊業務の営業で利益をあげることを認める
・宿駅に課する地子（一種の固定資産税）を減免する

などの基本方針の下、ほぼ2～3里ごとに該当地を宿駅に指定し、これらが連携して継立することを義務付けました。この制度が「宿駅伝馬制」です。その中心は宿駅であり、一般の町村では許されない継立業務を担い、また本陣・旅籠等によって休泊業務の営業を

認められました。各種の情報も集まることから自然と地区の中心都市として成長し、周辺町村からも一目置かれる存在となってゆきます。

　宿駅の使命を業務面から見ると、

①人馬継立業務
　朱印状・御証文を持参する公用の旅人と荷物を無償で次の宿駅まで送り届け次に引き継ぐ一方、その他の旅客からは有償で継立を行う
②継飛脚業務
　幕府公文書類を次の宿駅まで短時間で運ぶ（無償）
③休泊業務
　高貴な旅人用には本陣を準備し、その他の旅人には旅籠などを設けて有償で休泊させる

の3点でした。

　これらの業務を具体的に解説すると、
・幕府役人であれば使用可能な人足や伝馬数が記載された駒牽朱印の押印された伝馬手形を問屋場に提示し、宿駅側は、その記載人馬数に基づいて人足と伝馬を無償で提供し、次の宿駅まで送り届ける。
・問屋場では問屋（問屋職）・年寄の指導の下張付、人足指、馬指などの宿役人が記帳や人足・伝馬の手配などを行ない、旅人を次の宿駅まで送り届けました。いわゆる人馬継立です。

　幕府が管理する主要街道については「道中奉行が各宿駅の問屋を使って管理」することになっており、日々の運営は問屋に任されました。藩主や名主（庄屋）といえども直接関与できません。宿駅は藩主の意向を受けた名主が管理する分野と道中奉行の命を受けた問屋が管理する分野に二分され、言わば二元管理状態でした。

　本陣職の相続・苗字帯刀から街道の付替え、松並木の枯木伐採など宿駅・街道関係は全て幕府道中奉行の了承が必要で、藩主も指示できず、名主は問屋が幕府と進める街道業務に嘴を挟む余地はありません。

このように宿駅の中心業務である人馬継立を行う場所が問屋場で、旅人にとっては宿駅の窓口的・役所的存在でした。

問屋場は通常各宿駅に1カ所ですが、参勤交代制も始まり、さらに一般町民が旅する時代が到来すると、宿駅だけでは伝馬業務遂行が困難となり、この救済のため助郷や加宿制度が設けられました。周辺町村の支援を受けながら、人馬継立を行う制度です。

これら周辺の町村が担当する日には別の問屋場を使用するよう、複数の問屋場を設ける宿駅もあらわれ、天保14（１８４３）年には東海道57宿駅中13カ所に複数の問屋場が置かれています。そのうち、戸塚宿が最大で唯一３カ所の問屋場を備え、その他12宿は２カ所でした。

継飛脚については幕府公文書類の継立に限定され、御三家や有力大名といえども利用できません。御状箱に納められた公文書が到着すると、選任された脚力抜群の人足二人が一組となって御状箱を次の宿駅まで全速力で届けます。継飛脚は短時間での送達が求められ、夜間も一人が提灯を掲げ、二人の足元を照らしながら走破し続け、江戸～京あるいは大坂まで４、５日で届けました。

宿駅では朱印状や御証文持参者への無賃継立以外に、大名等には公定賃料を収受しながら継立を行い、一般町民からも賃銭交渉の上、すなわち相対賃銭により人馬継立を行いました。

本陣

宿泊施設としては本陣《ほんじん》、脇本陣《わきほんじん》、旅籠《はたご》（旅籠屋）、木賃宿があり、大名、勅使、公家、公用の幕府役人など高貴の人は本陣で休泊します。一般町民はたとえ多額の金銭を積んでも利用することは許されず、本陣は旅人の格式を重視する特別宿泊施設です。

なお、本陣は二組以上の旅人を同時に宿泊させせないので、各宿には平均２カ所以上の本陣が置かれ、最高は箱根、浜松宿の本陣数６軒でした。宿場の主な施設としては次のようなものがありました。

本陣は格式ある旅人に限定されるので、経営的には必ずしも楽でなく、途中で廃業する本陣もあります。各宿の素封家と言われるような家が、代々世襲により運営するのが一般的で、苗字帯刀も許される特別な存在でした。

　大名一行が来宿する場合には、本陣職は名主などとともに宿入口（棒鼻《ぼうはな》）で出迎え、帰りには出口まで見送ります。本陣職は宿駅を代表する人物の一人です。

脇本陣

　宿駅の本陣数以上に高貴な旅人が来る時に備え、ほとんどの宿駅が本陣に準ずる休泊施設として脇本陣を置きました。

　脇本陣は、平素は一般町民を休泊させますが本陣の代替が出来るよう、上段の間を備え、場合によっては格式ある玄関や門構までも備えています。

旅籠

　一般旅客のための休泊施設としては旅籠（旅籠屋）がありますが、その規模はまちまちで、幕府はその大きさから大中小の3段階に区分けしています。なお、天保14年では最大の旅籠数は熱田（宮）宿の２４８軒で、最少は石薬師宿・庄野宿の各15軒です。

　旅籠は1泊2食つきの宿泊施設ですが、江戸時代には鍋・釜を持参しながら旅先で食材を購入し、自炊しながら旅する人もいました。このような旅人用に自炊用の薪代（木代）だけで安く宿泊させる施設を「木賃《きちん》宿《やど》」と呼びました。

高札場《こうさつば》

　宿駅にはこのような人馬継立、継飛脚、休泊施設の他、旅人や町民への連絡施設として高札場が置かれました。幕府が出す法度や隣の宿までの継立料金などを記載した高札を掲げる場所です。「東海道宿村大概帳」の品川宿には高札場として、高2間、長（幅）3間、横（奥行）9尺と記載されており、4メートル近い高さで、旅人が見過ごすことのない巨大な掲示施設でした。

　江戸時代の高札場は東海道では全て撤去され現存しませんが、近年各地で再現されており、また外された高札は資料館などに展示されています。なお、江戸時代の高札場は甲州道中の府中宿に一つだけ現存しています。

見附《みつけ》

宿の出入口は江戸初期には石垣で作られた見附が置かれ、近くには木戸を設けて夜間は部外者の侵入を禁止しました。その後、平和な時代ということが浸透するにつれ木戸も外され、幕末にはほとんど無くなっています。

街道コラム▶1

歴史国道

旧建設省は平成7年度～8年度にかけて、「歴史ある道を活かし、魅力ある地域づくりを」という方針を打出し、具体的には、

①歴史文化を軸とした地域づくりと活性化
②地域の歴史・文化と触れ合うことの出来る魅力的な空間の創造
③道と地域の歴史・文化の継承

を目的に全国で24カ所の区間を「歴史国道」として選定しました。その内、五街道では東海道の3カ所と中山道の2カ所です。

このような幅広い街道業務を担ったのが宿駅に指定された街です。宿駅に選ばれると伝馬業務完遂のため、日々の農作業などを後回しにしてまでも全力で取組みました。しかしながら通行量が増えれば、支援を依頼する周辺町村も巻き込まざるを得ず、周辺との折り合いが悪化したり、助郷などを命ずる幕府に反発する動きも出ています。しかし、一部の宿駅を除いては、旅人が金を落としてくれることから潤うこととなり、周辺町村とは別格の街になってゆきました。

3 古文書が伝える大坂までの「57継立」

前述の通り、幕府が定めた宿駅は57ありました。歴史史料に残されたその証拠を、いくつか見てみましょう。

代官文書　五街道宿々拝借銭覚（延宝2〔1674〕年5月）

代官・岡上次郎兵衛が勘定所宛に送った文書に「東海道として脇往還・佐屋路《さやじ》を含めた全宿が記載され、

そのうち東海道本道としては第1宿の品川宿から最終57番宿の守口宿までの名が列挙されています。これは「東海道は江戸から大坂である」ことを示します（巻末の折込地図参照）。

東海道中取締令（貞享3〔1686〕年12月28日）

京都所司代から老中に宛てた文書と荷物が「戸塚宿と保土ヶ谷宿との継立不具合」により、同時に到着しないという事故が発生したことがあります。この取締令はその際に出された「事故内容とその処分を伝える重要文書」です。

具体的処分内容は、

・事故責任＝保土ヶ谷宿の張付 → 関東から追放
・監督責任＝保土ヶ谷宿の問屋 → 20里四方からの追放

という重い内容ですが、このような処分を課したことを関係者151名が連判のうえ、東海道全宿（問屋及び年寄宛）に通達した重要文書です。この宛先として品川宿から守口宿までの東海道全57宿名が列挙されており、東海道として管理する際は、京までの53宿でなく、大阪までの57宿を対象にしていたことがわかります。

江戸大伝馬町の書簡（正徳年間〔1711～16〕）

徳川家康が見込んで江戸に呼び寄せ、大伝馬町で伝馬役を務めさせた馬込勘解由《まごめかげゆ》という男がいました。その直系子孫は代々馬込勘解由の名と家督を継ぎ、常に大伝馬町の中心的役割を担っていました。

この伝統ある馬込家の正徳年間の当主が海道（五街道）についてその詳細を幕府に問い合わせたことがあり、その回答をもとに五街道の始終点となる宿駅名を書き示した書簡が残されています。これによると、「五街道とその脇往還」は以下のように記載されています。

一東海道　品川より　守口迄
　美濃路　名護屋より　大垣迄
　佐屋廻り　岩塚より　佐屋迄
一中山道　板橋より　守山迄

一日光道中　千住より　針石迄
一壬生通　板橋より　岩淵迄
一水戸佐倉道　新宿より　松戸迄
一奥州道中　白沢より　白川迄
一甲州道中　上高井戸より　上諏訪迄

このように各街道の最初の継立宿と最終継立宿をはっきり記載しています。

ここでも東海道について「第1番宿の品川宿と最終57番宿の守口宿」が記載されています。守口宿は大坂・高麗橋からわずか2里（8キロメートル）のところですから、「東海道は江戸から大坂まで」と明示したことになります。

江戸で主要街道への伝馬業務を行う3伝馬町の中で、最も中心となるのが大伝馬町であり、馬込勘解由は正に全国伝馬関係者の中心人物であり、この内容は幕府の認識そのものといえます。

継飛脚御停止之事（延享元〔1744〕年）

継飛脚に関する連絡文書に、宛先として、

東海道品川より守口宿まで　但し、左谷路共　問屋
年寄

と記載されており、「東海道品川宿から東海道守口宿」までの全宿駅並びに東海道脇往還・佐屋路（佐谷路）の宿駅宛に出した文書です。継飛脚という情報伝達分野においても「東海道は江戸から大坂まで」と表示していることになり、人馬継立以外に公文書輸送も常時東海道として江戸―大坂間で行われていたことがわかります。なお脇往還佐屋路にも出しているのは、七里の渡が不通になった際にも佐屋路経由で早急に届けることを意味します。継飛脚の重要性が伝わる文書です。

道中奉行所回答（宝暦8〔1758〕年）

道中奉行所御勘定・谷金十郎は宝暦8年に問い合わせを受けた際、「東海道は品川より守口」と回答しています。

幕府で街道管理を担当するのは道中奉行ですが、そ

の手足となって実務を行うのが道中奉行所です。したがって、道中奉行所の回答は幕府の最終回答と言うべきものです。

幕府大目付の回答文書（寛政元〔1789〕年）

土佐藩からの質問に対し幕府大目付勘定奉行は「東海道と申すは、熱田より上方は伊勢路・近江路を通り伏見・淀・牧方・守口迄　外はこれ無き」と文書で明確に回答しています。

五街道をはじめ主要街道については道中奉行が管理しましたが、道中奉行という職は万治2（1659）年に大目付高木守久の兼帯により始まりました。その後元禄11（1698）年に勘定奉行松平重良が兼務してからは、大目付一人と勘定奉行一人の合計二人の兼帯者が担当しています。

したがって幕府大目付勘定奉行という表現は、道中奉行と解せられるものです。街道管理の最高責任者である道中奉行が「東海道は熱田から先は、伊勢、近江を経由し、分岐・延長区間の伏見・淀・牧方・守口の最終4宿を経て終着は大坂」と回答したことになります。

道中奉行所宛の文書（東海道全本陣を代表して幹部11名が出した書面、文化2〔1805〕年4月）

道中奉行宛の文書の差出人として次の記載があります。

東海道品川宿より守口宿まで
美濃路、佐屋廻り宿々本陣惣代
市郎右衛門
外　拾　人

この記載により東海道並びに東海道脇往還である美濃路・佐屋路の全本陣を代表して市郎右衛門と10人の代表が幕府責任者宛てに出した文書であることがわかります。東海道全宿の本陣が「東海道は品川宿から守口宿までの57宿」と認識しうる立場にあったと判断できます。

東海道分間《ぶんけん》延《のべ》絵図《えず》（文化3〔1806〕年）

幕府は江戸から主要都市に繋がる重要街道について、寛政12（1800）年から6年かけて街道と沿線状況を詳細に調査し、文化３（１８０６）年に「五街道其外分間延絵図」という立派な絵地図を完成させました。

これらは単なる絵巻ではなく、街道について「1里を曲尺7尺2寸に縮尺し、道の曲折は方位の修正を行いながら極力直線に近づける」手法で完成させた絵地図です。全体を把握しうる折り畳み式の絵地図で、進行方向に対しては１８００分の１に縮小し、帯状和紙に描いています。そのため部分的に曲がる角度を修正しており、その修正箇所の方位を正確に記入し、本来の道路状況に復元可能な方式を採用しました。したがって随所に東西南北を示す方位印が押された地図で、一定幅の紙面に納めるという画期的手法を用いています。

街道の進行方向以外の縮尺は一定ではありません。山、建物、高札場などは街道の位置関係を把握するための参考物に過ぎず、高さ３７７６メートルの富士山も、３メートルの高札場も見やすく納まるよう個々は適宜縮小された、絵画状の見やすい地図です。

当絵図製作に関する解説文書が翌文化4年1月に作成され、製作経緯などをつぶさに記載していることから、幕府が非常に重視した街道地図と判断できます。さらにこの解説には、

・当絵図が国・郡の境界、宿・村の区分、寺社の区域などをわかりやすくしている

・絵地図完成を報告した際、さらに命令を受けたため「手写して追加し、幕府に永蔵し後人の参考に備える」とも記載し、将軍に献上する地図のほかに、控えを幕府内に残しておく

ことを付言しています。

絵図であるため、海、山、川、並木、一里塚、寺社、住宅、高札場なども描かれ、街道の様子が明確に把握可能な貴重な地図です。この絵図は幕府道中奉行所が作成したもので二組現存します。そのうち明治になるまで将軍が江戸城中紅葉山文庫で保管していた地図は、現在国の重要文化財として東京国立博物館に所蔵されています。

控えとして明治初期まで道中奉行所が所持していた延絵図は郵政博物館が所蔵し、特別企画展などで適宜

公開されています。

五街道以外に日光例幣使道、伊勢路、江東道、浦賀道、足利通など江戸周辺の地方道も分間延絵図として作成しており、全部で91巻に及びます。

このうち幕府が重視した東海道分間延絵図は全13巻で、最後の第13巻の表紙には「牧方、守口、大坂」と記載され、実際に大坂城を含め大坂市中、大坂湾なども描かれています。

これにより、幕府は「東海道は大坂までであり、宿駅は品川宿から守口宿まで」であったことを絵図で示しています。

東海道取締書物類寄　弐拾五之帳　五街道張出書付之部　東海道之部（文政8（1825）年の調査報告）

これは文政8年の東海道全宿駅の伝馬料金に関する調査記録です。これには東海道として品川宿から守口宿まで全57宿駅からの正式報告が記載され、大坂延長部の4宿はいずれも「東海道○○宿」のように東海道と街道名を付して記載されています。ちなみに最終の守口宿の記載内容は左の通りです。

覚
東海道　守口宿
人馬賃銭弐割増　文政弐年卯正月より
来たる子正月迄
十ヶ年季
守口より牧方迄
道法三里
人馬一人
此賃銭八拾弐文　割増拾三文六分
但し四文目ヲ入拾四文也
文化八年酉二月
東海道守口宿
問屋　剛郎兵衛
同　為太郎
助郷惣代門真四番村
庄屋　弥左衛門
加助郷惣代大庭八番村
庄屋　八郎兵衛
道中
御奉行所様

このように幕府の道中奉行所宛の正式文書に「東海道守口宿」と2カ所にはっきり「東海道」と明記しています。

東海道《とうかいどう》宿村《しゅくそん》大概帳《だいがいちょう》（天保14〈1843〉年調査）

天保14年に幕府道中奉行所は主要街道の全宿駅について人口をはじめ、石《こく》高《だか》・宿役人・問屋場・休泊施設・宿駅延長などを詳細に調査しました。また、街道についても河川・橋・一里塚・並木・掃除担当村なども広範にわたって調べあげ、これら全てを「宿村大概帳」としてまとめており、これらも郵政博物館に現存します。

本陣・脇本陣については建坪数・門構・玄関の有無に至るまで記載するとともに、宿内生活については「飲料水源は井戸か川か」「男性、女性の主たる職業は何か」「市は立っているか」等々に至るまで細かく調べており、実に興味深い記録です。高札場については箇所数のみならず縦・横・奥行の大きさから、高札に記載されている具体的内容、高札の書換責任箇所に至るまで書き留めています。街

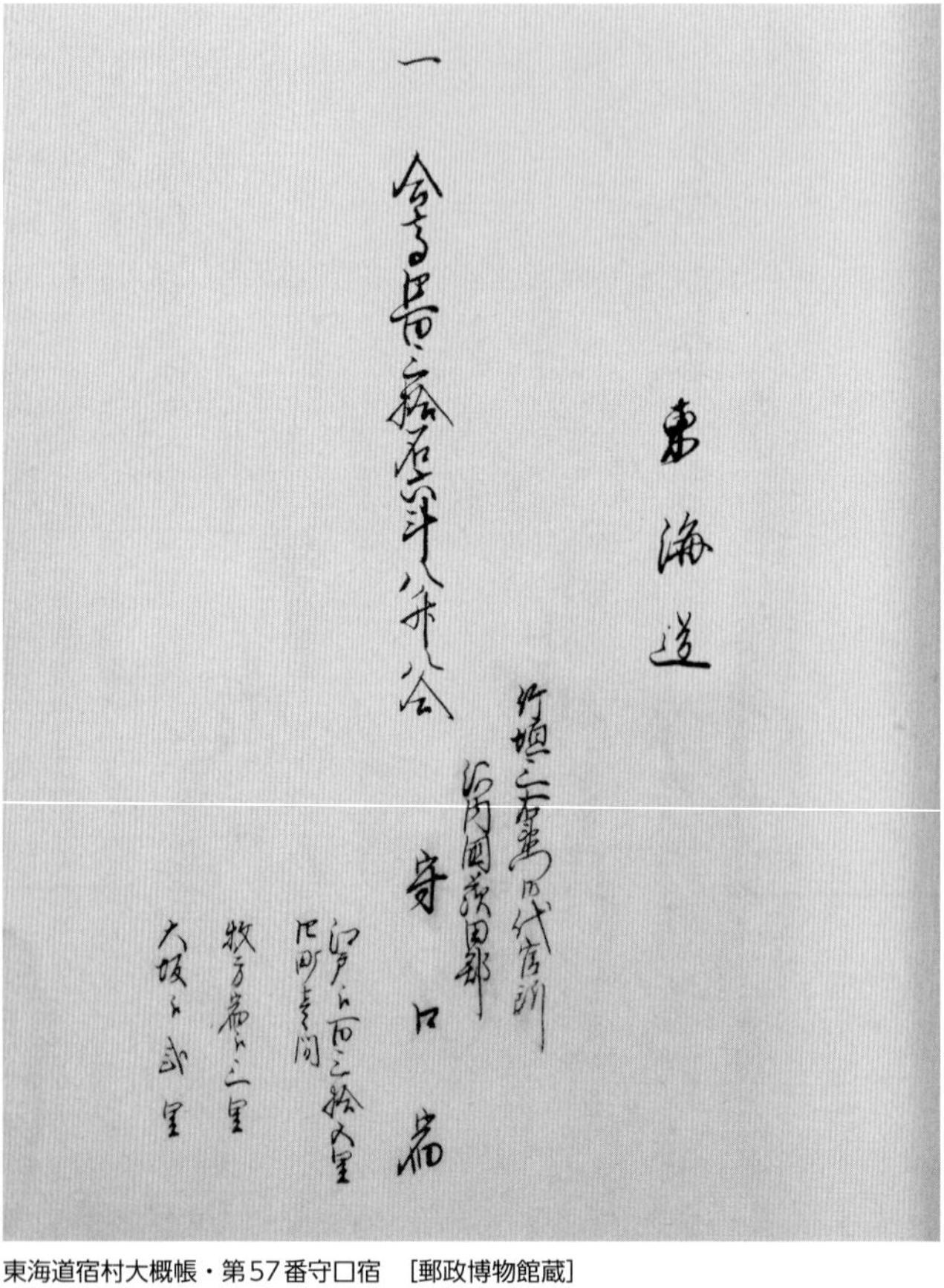

東海道宿村大概帳・第57番守口宿　[郵政博物館蔵]

道関係では道路幅、一里塚の大きさと樹種などについても触れ、橋については設置場所・幅・長さ・板橋か土橋か等々について具体的に記述しています。

　このように幕府道中奉行所が直接指揮してまとめた文書ですので、その内容は信憑性が高く、「品川から守口までの57宿の具体的内容が詳細に記録されている」という事実は無視できません。

　この宿駅・街道調査は主要街道について天保14年に一斉に実施されましたが、「宿村大概帳」として完成するのに若干の時間を要し、その発行時期は安政年間（1854～60）といわれます。この調査でまとめられた街道とその宿駅は以下の通りです。

東海道	品川～守口	57宿
中山道	板橋～守山	67宿
甲州道中	内藤新宿～諏訪	45宿
日光道中	千住～針石	23(21)宿
奥州道中	白沢～白川	10宿
日光御成道	岩淵～岩槻	5宿
壬生通	飯塚～板橋	7宿
例幣使道	倉賀野～金崎	14宿
水戸佐倉道	新宿～松戸	3宿
本坂道	気賀～嵩山	3宿
佐屋路	岩塚～佐屋	4宿
美濃路	名古屋～大垣	7宿
山崎通	山崎～西宮	6宿

　一般的に幕府が五街道を重要視したことはよく知られていますが、これに準じ日光御成街道など8街道を特別扱いしていたと考えられます。

牧方宿の帳簿類

　牧方宿には「東海道牧方宿」と記載された帳簿類が多数残されており、延長区間である髭茶屋追分～大坂間の住民が「東海道の宿駅である」と認識していたことを示しています。

「東海道牧方宿」と記載されている帳簿類の例（『枚方宿の今昔』（宿場町枚方を考える会発行）より転載）は、

高二百四拾弐石余
河州茨田郡
牧方宿
守口宿え三里
大坂え五里
御殿山

東海道分間延絵図（文化３年）第56番牧方宿。東海道の宿名として「牧方宿」の文字 ［郵政博物館蔵］

❖帳簿

・東海道宿々の中合連印帳
　東海道牧方宿　寛政９（１７９７）年
・定飛脚荷物駄数書上帳
　東海道牧方宿　天保12（１８４１）年
・御貸附利金請取不足書上帳
　東海道牧方宿　文化12年〜天保12年迄

❖添状

牧方宿問屋役人二人が連名で出した添状が残されており、文末の署名・押印欄には

「東海道
　牧方宿問屋
　　木南喜右衛門
　　　中嶋義助」

と、わざわざ東海道牧方宿と記載しています。

❖木札

牧方宿役人・中嶋儀輔の公用旅行時の木札に

「御用　東海道　牧方宿問屋
　中嶋儀輔」

と記載され、東海道を強調する書き方となっています。

このように、いつの時代であっても幕府関係者並びに宿役人あるいは本陣職が東海道の宿駅について「品川宿から守口宿」と書いており、これらの宿駅を列挙すれば57宿となります。

幕府は最初の宿駅名「品川」とか最終の宿駅名「守口」を明示しますが、直接57次（57継）というような記載はしていません。

幕府はなぜ街道ごとの宿駅数を発表しなかったのでしょうか。その理由は、

（1）宿駅は適宜新設しており、総数は変化すること

東海道で最後に設置された宿は庄野宿で、東海道の伝馬制開始から23年遅れの寛永元年といわれますが、中山道は最終宿が伏見宿で、中山道の伝馬制開始から92年目といわれます。その間に少しずつ増え続けたの

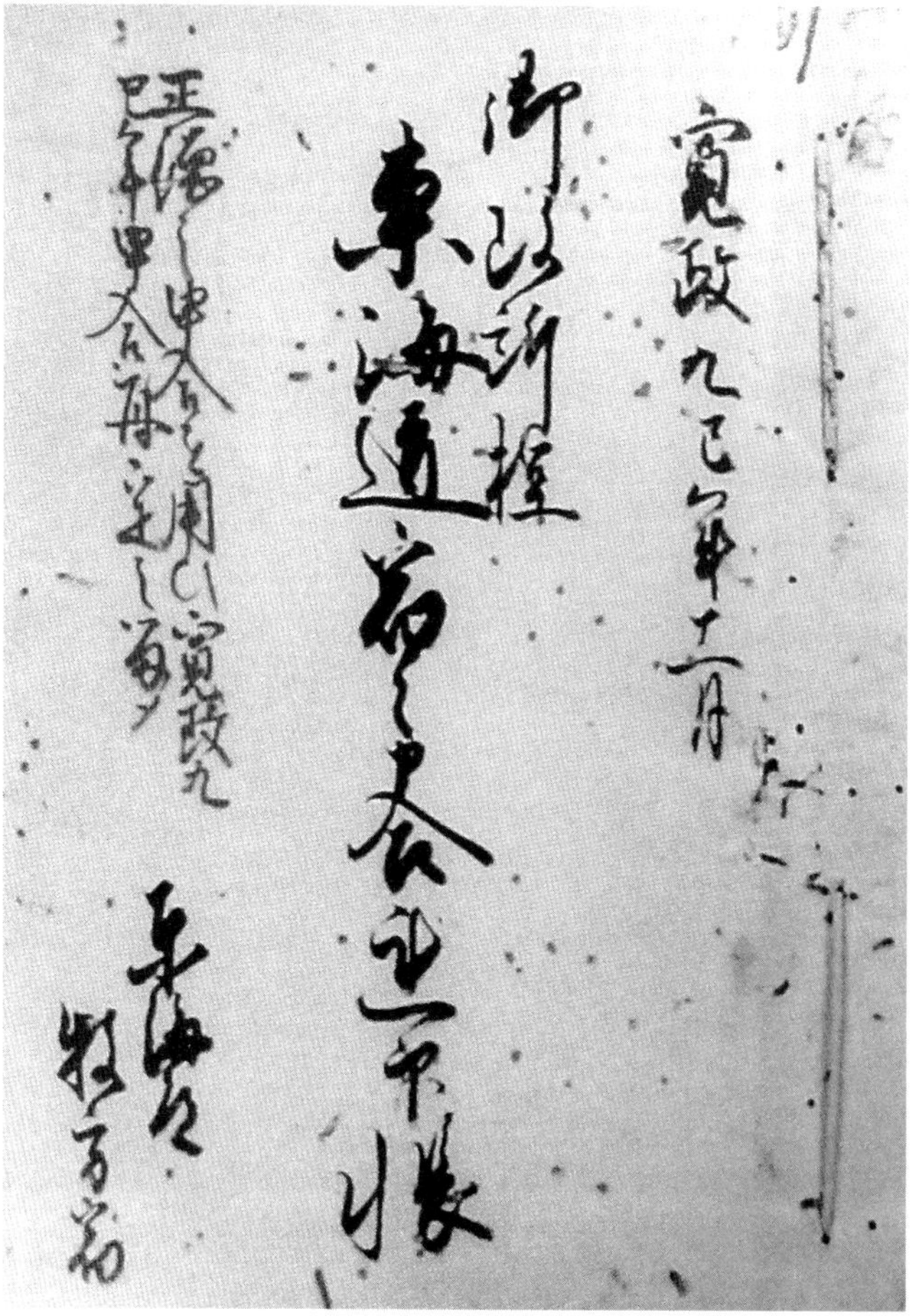
東海道宿々の申合連印帳（宿場町枚方を考える会『枚方宿の今昔』より）

です。
伝馬関係者は庄野、伏見宿以降も新たに宿駅指定があり得ると考えていたはずです。
事実、幕末に神奈川宿付近で異人とのトラブルが続いたことから東海道の品川宿～平塚宿間は付替えが本格的に検討され、宿駅数が変わる可能性がありました。

（2）宿駅数は減ることもある

宿駅の不祥事で、伝馬の権利を失う例もあり、江戸時代の人は宿駅数が減ることも承知していました。
広く知られているのは、「甲州道中の内藤新宿」です。

この節で例示したように、幕府道中奉行をはじめ、地方の伝馬関係者に至るまで、「東海道は大坂まで」と認識していたことは明らかですが、それではなぜ広重は「東海道五十三次」と題する浮世絵集を発表したのでしょうか。この点については次節で広重や当時の浮世絵界の営業的考え方などについてご紹介します。

4 広重が描いた「京までの53次」

近年開発が進み、宿場町にも江戸期の遺構が減少し、写真が無い時代を正確に把握するのは難しくなりました。しかし、広重の浮世絵は街道沿線の景色、宿駅内の生活、旅の様子などを克明に描いており、その浮世絵集を丹念に見ると、往時の社会の様子がつかめ、街道や宿駅を理解するのに最高の資料となっています。

たとえば宿駅の使命である「人馬継立」については江戸時代の文書にしばしば触れられますが、その具体的場面を書物から想像するのは難しいことです。しかし広重東海道の保永堂版《ほえいどうばん》藤枝宿、行書版庄野宿及び隷書版石薬師宿には、問屋場の建物・受付の様子、宿役人や人足の服装・対応状況から荷物の積み方まで詳細に描かれており、この3枚の絵があれば、宿駅での継立現場を十分に把握できます。

街道や宿駅、さらには町民生活を理解するには、広重の浮世絵シリーズが最適で、彼には国民栄誉賞や文化勲章にも匹敵する功績があり、広く称えるべきと思います。

広重は八朔《はっさく》の行事、すなわち「8月1日に幕府が朝廷に御馬2頭を献上する」式典に向かう幕府一行に同行し、その際の旅を基に描いたといわれてきました。江戸に戻ってから、日本橋から京までの旅で目にした情景を宿駅ごとにまとめ、「東海道五十三次（正式には東海道五十三駅續画）」として発表しました。しかし、広重以前に発表された「東海道名所図会」などと重なるものが多いことから、実際には旅に出ず、ほかの絵を参考にしたとの説も浮上し、浮世絵専門家間で長年にわたり議論されています。実際に旅したか否かは、専門家の結論を待つことになりますが、保永堂版だけ見ても「広重は実際に見た様子をそのまま描くより、見る人を楽しませることに重心をおいた」と思われます。

その一つとして、郵便切手にもなった東海道蒲原宿は、雪深い街道にさらに深々と降り続ける夜景として紹介されていますが、一つ手前の吉原宿も、わずか1

「東海道五十三次　蒲原」歌川広重　［川崎・砂子の里資料館蔵］

「東海道五十三次　関」歌川広重　左上の陣幕下に「仙女香」「美玄香」とある　［川崎・砂子の里資料館蔵］

里先の由比宿も、晴天を描いていることを考えれば、どちらかは想像で描いたことになります。

そもそも8月1日の八朔行事に向かうのであれば、雪に遭遇することは有り得ない話ですから、蒲原宿の雪景色は想像上の絵と判断すべきです。事実、蒲原は雪がぱらつくことはあっても積もることのない所です。

保永堂版55枚には土山宿で春（画題「春之雨」）、池《ち》鯉鮒《りゅう》宿で初夏（首夏馬市）、四日市宿で秋（三重川）、蒲原宿で冬（夜之雪）を描くなど、四季の変化をふんだんに採り入れ、シーズンごとの異なる感動を引き出すよう心掛けているのです。

広重は浮世絵集「木曾街道六十九次」の中で、中山道を江戸から京に向かう旅として、人気絵師・渓斎英《けいさいえい》泉《せん》と共同出版しましたが、これにも四季の楽しさを織り込みました。広重はそのほかにも多くの街道を描き、その都度四季折々の景色を発表していますが、短期間に各街道を全ての季節にわたって旅することは到底考えられず、実際には創造力を発揮して描いたと考えるのが妥当と思われます。

旅が不自由な時代にあっては、他人の情報をさらに発展させて描きあげることは自然の流れで、誰でも似た行動をとっており、全く同じ絵でない限り非難されていません。

このように、広重は眼にした情景を写実的に描くより、常に見る人を楽しませることにウェイトを置いて描きました。

「木曾街道六十九次」だけでも、月夜の場面を4枚描いていますが、全て満月にして気分的に何となく楽しい雰囲気としています。

四季の変化だけでなく、時間的にも日中以外に早朝（三嶋宿・朝霧、関宿・本陣早立）から黄昏（沼津宿・黄昏図）、夜間（御油宿・旅人留女、赤坂宿・旅舎招婦ノ図）の変化を採り入れ、天候は快晴・雨天・降雪・強風等を織り交ぜて、日本橋から三条大橋までを変化に富んだ楽しいシリーズに仕上げました。登場する動物も、馬・牛・犬・猫・鳥など多種にわたり、飽きさせない作品です。

また広重は縁ある人々や商品を紹介することまで行っています。世話になる版元・彫師・摺師等の名を御油宿の旅籠に掲げた講札にさりげなく描き込んで、製作に携わった人達を紹介しています。関宿の本陣では陣幕下に白粉「仙女香《せんにょこう》」や白髪染「美玄香《びげんこう》」の名を彫り込んで商品宣伝もしました。さらにはその発売元について「京ばし 南てんま丁 三丁め 坂本氏」と住所氏名まで記載して、全国に宣伝しました。このようにユーモアあふれる浮世絵シリーズとしており、見る者が思わず吹き出しそうになる絵が含まれているのです。「東海道五十三次」も第2版以降の絵には初版を大幅にアレンジして、背景の山をすべて消し去ったり、茶店の形状を変化させたり、色を変えたりして全く違うものにしたケースも見られます。

すでに大量に販売した後からでも、変幻自在にアレンジしています。これらのことを考えると、広重は実際の景色や生活をそのまま忠実に表現するより、見て楽しい絵にすることを主眼にしていたと考えられます。

広重が「朝廷への御馬献上の旅」に同行取材したのであれば、行先は京であり、大坂までの五十七次を描けなかったのは当然です。もし実際に旅せずにほかの絵を参考にした場合には、「見る人が喜ぶのは、京への旅か、大坂への旅か」と自問した上で、商都・大坂より「都である京への旅」に軍配を上げたのではないでしょうか。

見る人を楽しませようと心掛ける広重ならば、「東海道は大坂までの五十七次」と知っていたとしても、何の躊躇もなく「京までの五十三次」を選択したと考えられます。

また江戸から京を終着とする53次の伝馬制とともに大坂までの57次が併存していたことも、「五十三次」と題することに抵抗が無かった理由と考えられます。

すでに寛政9（1797）年に京の俳諧師・秋里《あきさと》籬《り》嶌《とう》が「京から江戸への旅」を東海道名所図会として発表し、好評を博していました。そのことを考えると「京までの旅」は人気が出ることはわかっており、大坂に直行する57次より、京を目的地とする53次の方が絵の対象として勝っていると考えたと思います。

このように歌川広重が「東海道五十三次」として浮世絵シリーズを出版し「東海道は京・三条大橋までの53次」と発信したことからその認識が広まり、「東海道が大坂まで延伸された」事実が忘れられ、今日に至っているのです。

明治以降の教科書でも広重の浮世絵「東海道五十三次」は必ず紹介されるため、全国民が「東海道は日本橋~京都で、その間の宿場数は53」と認識し続けているのが実情です。

江戸時代中期以降、町人文化が栄えるとともに、江戸文化・京文化に憧れ、旅先として京と江戸が脚光を浴びました。小説も、演劇も、絵画も江戸もしくは京を対象とするのが当然の時代となってゆきます。

広重は「東海道五十三次」と題する浮世絵を出したものの、広重と版元には「東海道という街道がどこまでか」というような管理面を正確に知らせなければいけないという意識は全く無く、ただ「江戸から京までの文化・生活を、浮世絵を通して楽しく紹介しよう」と考えたに違いありません。その対象となる江戸から京の旅シリーズについて題名づけるのに、53回の継立があることに目を付け「東海道五十三次」と銘打ったと考えられます。

したがって浮世絵の題名が元で、現在国民の大多数が「東海道は江戸から京まで。宿の数は53」と受けとめていることに、広重の方がびっくりしているかもしれません。意図せざる結果を招いたことに、恐縮している気がします。

なお、宿駅での人馬継立は「宿継」とも呼ばれ、一般的に「継」の字を使いますが、江戸期の文書にも「宿次」と記載されたものもあり、「継」の代わりに「次」の字をあてるケースはありました。広重の「五十三次」も53継（立）の意味で使ったと考えられます。

第2章

徳川家康と東海道

現在の東京～名古屋～大阪の東海道沿線地域は日本の政治・経済を牽引する重要地帯であるばかりでなく、世界的に見ても影響力のある注目すべき地域です。しかしながら、家康が入府した時代の江戸は一地方都市に過ぎません。幕府を江戸に置き、270年近く江戸からの支配を続けたことが、今日の東海道の基礎を作ったことは間違いなく、その意味で東海道にとって家康は大恩人ともいうべき人です。そこで第2章では家康に焦点を当てながら、東海道をご紹介します。

1　家康に縁深き、東海道3地区

三河・岡崎地区（出生地であり、また若き武将として城主をつとめた故郷）

家康は天文11年12月26日（1543年1月31日）に松平家の嫡男として岡崎城内で誕生しました。現在も城内に胞衣塚《えなづか》と産湯の水を汲んだ井戸が残ります。

若くして今川家に人質として出されましたが、桶狭間の戦（永禄3〔1560〕年）で今川義元が倒されると急遽岡崎城に戻り、元亀元（1570）年に浜松城に移るまでの10年間、城主として活躍した縁の地です。

秀吉は天下をとると直系の田中吉政を岡崎城主に送

岡崎城天守閣　［写真提供：岡崎市観光協会］

東照公産湯の井戸　[写真提供：岡崎市観光協会]

り込み、岡崎城下を全面的に改造させたので、家康の郷土・岡崎は竹千代時代とは全く異なる町割となり今日に至っています。それでも家康は郷里のことは一瞬たりとも忘れず、また菩提寺である大樹寺も大切にしています。

田中吉政は城下を通る東海道に27カ所に及ぶ枡形を入れ、敵の侵入に備えました。「岡崎の27曲《まがり》」といわれるほど複雑な東海道として有名です。そこまで防衛体制を整えておく必要があるほど三河地域一帯は気の抜けないところでした。

幕末の岡崎宿について、「宿村大概帳」は本陣３、脇本陣３、旅籠屋１１２と記しており、本陣数では浜松宿・箱根宿に続いて３番目、旅籠数でも熱田（宮）・桑名宿に続く３番であり、東海道有数の大宿駅でした。

また同書には「往還通り領主馳走屋敷有之……朝鮮人来朝之節三使旅館ニ相成、平生　御茶壺登り下りとも休泊ニ相成候」と記載されており、城主の接待所が置かれていたことや、朝鮮通信使が訪日する際には正師・副師など三役をここに宿泊させたことがわかります。事実、幕府は迎えの役人を岡崎まで派遣し、この接待所で歓迎の宴を行っていました。領主の接待所とはいうものの、幕府の重要な接待場所として活用していたことがわかります。

現在岡崎中心部には伝馬プロムナードとして江戸時代の旅・宿場・生活などを解説する説明板が東海道に沿って建植され、旅人や市民が江戸時代を理解しやすいよう基本事項を丁寧に解説しています。

また江戸期から旅人に淡雪豆腐などを商ってきた備前屋さんは現代版淡雪や駒牽朱印という菓子を開発しながら街道文化を伝えており、このように地道な努力が随所に感じられ、散策が楽しみな宿場町です。

遠江・浜松地区（実力をつけた浜松城時代）

家康は浜松で17年間城主として活躍し、最終的には天下人に上り詰めます。しかし一時は上洛途上の武田信玄と闘い、三方ヶ原《みかたがはら》では浜松城まで敗走を余儀なくされ、完敗しています。幸いに犀ヶ崖《さいががけ》周辺に陣をとる武田軍に夜襲を仕掛け、地理不案内の武田軍が犀ヶ崖に落ち込み、辛うじて痛み分けとなりました。家康はこの時の落胆した自らの顔を描かせ、その後の戒めに

浜松城　[写真提供：浜松市観光協会]

家康が弓の稽古をした浜松の宗源院

しています。この敗北を活かしたからこそ、その後の飛躍があり成功を収めたわけで、家康にとって忘れえぬ地となりました。なお、代々の浜松城主は幕府の要職に就くことが多く、浜松城は「出世城」といわれます。

なお、家康にとって浜松は苦い思い出が残る地でもあります。織田信長から正妻築山殿《つきやまどの》と嫡男信康が武田と密通していると疑われ、二人を犠牲にせざるを得なくなりました。家康にとって非常に苦しい時代でした。

浜松周辺は今次大戦で被災し、現在、宿駅跡には往時の遺構は見られませんが、浜松城は復元され、犀ヶ崖には三方ヶ原の戦を伝える資料館が置かれ、また家康が弓の練習に通った宗源院、築山殿を祀る西来院《せいらいいん》など家康に関係深い寺院などを巡る散策コースも設定され、家康の苦しい時代を学べる街となっています。

駿河・府中地区（人質時代と大御所時代）

人質時代には臨済寺で雪斎上人の教育を受けるとともに、興津の清見寺《せいけんじ》、駿河府中の華陽院《けよういん》などでも学び鍛えられました。

慶長10（１６０５）年に将軍職を秀忠に譲り、慶長

12年から元和2（1616）年までは大御所として駿府城から全国に睨みを利かせ、秀忠を支えました。鷹狩などにも興じ駿府生活をエンジョイしますが、家康の場合は鷹狩一つとっても、帰りに寺などに立寄って地元情報を得るようにしており、全てが統治のための幅広い動きであることに注目すべきです。

名古屋城の建造など「大坂の陣」を意識し、大掛かりな準備対策まで駿府から手を打ち、将軍職を秀忠に譲ったとはいえ怠りなく西方に目を配り続けました。大坂冬の陣、夏の陣では先頭に立って采配を振るい豊臣家を滅亡させたのも駿府時代のことです。

朝鮮通信使のような国際的課題から、対豊臣家のことなど、将軍秀忠以上に幅広く指揮を執りました。一方地元駿河に関することにも早期から手を打っている点が注目されます。

❖富士川舟運のため、角倉了《すみのくらりょう》以《い》に開削を命ず

家康は甲州年貢を富士川経由で江戸へ搬送するのが便利で、また駿河地区にとっても復路が活用でき、相互に有益と考えました。駿府に移り住んだ慶長12（1

富士川の難工事を描いた「水行直仕形図絵」［写真提供：富士川町教育委員会］

607）年のことで、家康はただちに京の豪商角倉了以に富士川の開削を命じます。5年の歳月を要する難事業でしたが、慶長17年からは富士川舟運が開始されました。甲斐の鰍沢《かじかざわ》・青柳・黒沢の3河岸から河口・岩淵村へ高瀬舟による舟運が開始されたのです。数十キロに及ぶ区間をわずか7時間程で下り、舟に積み込めば、船頭任せの楽な輸送となり、恩恵に浴する甲州関係者の喜びは一入です。一方、復路は塩・海産物などの輸送ですが、帆船といっても風はあまり頼りにならず、区間によっては川岸から綱で牽きあげる難儀な舟運でした。

　雨天が続き流れが急となれば、担ぎ上げて陸送することもあり、苦労も多く甲州まで4ないし5日かかる舟運です。

　富士川を上下したのは幅の狭い高瀬舟で、舟底を削られないよう極力底を平にした舟です。現在富士川河口の富士川ふれあいホールに復元展示されています。

　明治になってもしばらくは甲州米の江戸廻送は続きますが、岩淵・蒲原の関係者が協議し、富士川舟運の舟がそのまま蒲原湊まで運行できるよう決議します。明治6（1873）年に運河建設に着手、同8年には完成し、岩淵〜蒲原湊間の牛馬による輸送は不要となりました。これにより、甲州から蒲原湊に至る舟運が確立され、積み替えの手間も省け、家康の決断した富士川舟運は一層効果的となりました。現在新蒲原駅の南西部に堀川運河として残るのが、富士川舟運の終端部です。

　家康が考え、角倉了以に命じた広域水運の最後の姿を伝える貴重な遺構です。

2　家康の気遣い

恩義に必ず報いる家康

①見附宿近くの池田村へ、渡船権を優遇

　天竜川は暴れ川として有名で、その治水には永年地元民が頭を痛め、金原明善《きんぱらめいぜん》のような偉人の智慧と努力で何とか治めたという問題河川です。上流からの木材流しも危険を伴う厳しい業務でした。しかし、筏流し

などと異なり、川を横切る形での渡船業務はさほど危険でもなく、収入も確実なことから、沿線の村々は渡船役を引受けたいと願っていました。そのような状況の中、家康は武田との戦で世話になった天竜左岸の池田村への恩義を忘れず、池田村に4分の3ほどの渡船権を与えています。

これは元《げん》亀《き》3（1572）年と天正元（1573）年の2度にわたる武田信玄との戦いの際、池田村は家康のために船を隠しておき、実際に家康軍が逃げる際に、この船を出して助けたことに感謝して、その恩を渡船権で返したのです。天竜川は普段は二瀬に別れており、東の瀬を大天竜、西を小天龍と呼びましたが、池田村に大天竜の渡船権と小天龍渡船権の2分の1を与え、残りを西岸の船越村としました。

恩義に報いる家康の心は常に住民の心をつかみ続けました。

②伊勢・白子《しろこ》の恩人を藤枝宿で優遇

伊勢の近鉄沿線に白子という街があります。海に面した比較的大きな港町で、ロシアに漂着し有名になった大黒屋《だいこくや》光《こう》太夫《だゆう》の出身地でもあります。ここに戦国時代、小川孫三《まごぞう》という男がいました。

偶々家康が堺方面に出向いた時に、本能寺の変が勃発し、急遽名古屋まで戻る決断をします。このような混乱のなか陸路からの尾張入りを避け、海路で戻ることになりましたが、白子で捕まりそうになります。その際、家康を匿ったが孫三です。その後孫三が白子に居づらくなったと聞いた家康は、藤枝宿中央部に土地を与え、諸役御免として宿駅業務を免除し、悠悠自適の生活を送らせました。孫三の転居地はその後藤枝小川町と命名され、現在も東海道脇に説明板が置かれています。

③家康を信じた朝鮮に対し、後世まで手厚く接遇

豊臣秀吉が海外進出を目指し朝鮮にまで出兵するなか、比較的慎重であった家康は、関ヶ原に勝利すると早い段階から隣国朝鮮との親交を考え、そのタイミングについて色々と思い巡らせます。そこへ朝鮮と永年にわたり交易してきた対馬の宗氏が朝鮮関係改善を望んでいることを掴むに及び、決断の時期となります。

駿府城に建つ家康像

家康は宗氏に対し、朝鮮側が親交関係を望むよう積極工作すべきとの使命を与えます。宗氏は「徳川家康は豊臣の家臣ではあったが、文禄・慶長の役に際し、朝鮮には派兵していない」ことを強調し、平和な世界を願う家康を強くアピールし続けます。

その後、宗氏は重要段階に至ったと判断するや、家康の国書を捏造してまで朝鮮側の関心を高め、その国書への回答と秀吉侵攻時の朝鮮人捕虜の送還（刷還《さっかん》）の形で、慶長12（１６０７）年に第1回目の来朝を実現させました。その際、家康は朝鮮通信使一行を自らが愛着を持つ清見寺に宿泊させるよう細部まで指示し、結果的にこの行き届いた歓迎ぶりは通信使に予想以上の好感を与えます。

朝鮮王朝側の最大目的は「日本に再侵攻の意思があるか否か」を探ることでしたが、この点では日本側の接遇・応対は朝鮮を裏切ることなく、家康への信頼は大幅に進み、元和3（１６１７）年と寛永元（１６２４）年の来朝に繋がりました。家康亡き後となった、この2回の来朝時も朝鮮側は未だ疑心暗鬼ではありましたが、家康の朝鮮に対する気持ちが十分に引き継がれていたこともあり、3回に及ぶ回答兼刷還使の来朝はいずれも成功し、その後正式に「朝鮮通信使」という形での来朝となりました。

したがって正確には3回目までの使節名称は「回答兼刷還使」です。しかし現在では一般的に　この3回も朝鮮通信使と呼ぶようになっており、寛永13（１６

３６）年から文化８（１８１１）年間の９回にわたる正式の朝鮮通信使を含め合計12回の通信使来朝とされます。

　家康の朝鮮通信使への期待・配慮の気持ちは、その後来朝する通信使に対する接遇にも必ず反映しており、主要河川での舟橋架橋や薩《さっ》埵《た》峠《とうげ》の新道開設にも至りました。

　通信使来朝の都度このような最大級の歓迎が展開され、毎回１００万両も要する大歓迎をしたのは家康の方針が徹底されていたからにほかなりません。

　家康の心の内には、「自らの主張や心遣いを理解し、信頼してくれたことに対する恩義」があったと思われます。

　このような家康の気配り・心遣いが随所に残されているのが東海道です。

第3章

東海道の旅と生活

「重き通行」と「軽き人」の生活・文化

1 重き通行・重き決断

重き通行に緊張が走る

広重の「東海道五十三次」保永堂版・奥津宿（興津）には巨漢力士二人の川越しが描かれています。一人は馬に、もう一人は4人の川越し人足が重そうに担ぐ駕《か》籠輦台《ごれんだい》に乗って川を渡ります。食糧が限られる江戸時代でも、肥満力士は見られました。

しかし江戸時代の「重き通行」とはこの巨漢力士の旅ではなく、「重要人物の往来」という意味で、公式文書にもしばしば使われた表現です。

主要道に関する天保14（1843）年の幕府調査は、先にも触れたように、街道ごとにまとめられ、「宿村大概帳」として安政年間に発表されました。これには各宿駅の人馬継立状況を含め、宿役人の内訳、さらには日々の態勢についても詳細に記載されています。

たとえば「宿村大概帳」に記載されている1番宿・品川宿の宿役人は、

問屋	二人
年寄	三人
帳付	六人
馬指	六人
人足指	六人
迎番	三人

と記載され、総計26人です。この内、日々問屋場に詰めているのは、

問屋	一人
年寄	一人
張付	三人
馬指	二人
人足指	一人
迎番	一人

の9名です。役職ごとに当番を決め問屋業務に当た

りますが、その決め方は宿ごとに自由に決めることが許されました。問屋場への出面数も、出勤形態も宿駅ごとに異なります。出勤形態は1カ月ごと、半月ごと、3日ごとなどまちまちで、幕末の品川宿では3日ごとの交代方式でした。

職種によっては月に15日働く者や、6日程度で済む者まで大きな違いがありますが、常時勤務する者は総計9人です。

しかし「重き通行」の際は、問屋場はもちろんのこと、宿駅挙げて全力で対応しています。「宿村大概帳」には「重き通行有る節は、宿役人一同罷り出取扱い来」と記載され、宿役人26人全員が問屋場に詰め、万全の態勢で対応したことがわかります。この「重き通行への対応姿勢」はどこの宿駅でも同じで、宿駅として最大限の準備を整えました。通行が近づくにつれ宿内には大変な緊張が走り、当日はピークに達したはずです。

宿駅での休泊態勢も、重き通行に対しては特別です。「将軍の旅」は別格で、各地に将軍専用の御殿を設けており、必ずしも宿駅の世話にはならず、随行者だけが宿駅を利用するに過ぎませんが、将軍以外の重き通行は宿駅を利用することになり、問屋の差配の下、宿駅一体となって対応しました。

重要人物の来訪に神経を使うのは、古今東西変わり

街道コラム ▶ 2

掃除丁場（掃除町場）

街道も台風などが来ると落葉などで汚れたり、土砂崩れなどにより傷むので、適宜清掃や補修を行う必要があり、そのため街道に全延長沿って管理村が指定されていました。これを掃除丁場と呼び、それぞれ清掃担当の村が発表されていました。

将軍や朝鮮通信使など重要な通行がある際には、先触れがあり担当の村々に清掃すべきことが通達されました。

必ずしも街道沿線の村とは限らず、遠隔地の村が割り当てられることもあり、その場合には周辺の村に謝礼金を支払う形で代行清掃を依頼することも多く見られました。

清掃担当が決められていたことにより、日本の街道は常にきれいに保たれ、これを見た当時の外国からの旅行者は驚き褒めちぎっています。

ませんが、絶対的な身分制度が確立していた江戸時代だけに、通行時に粗相があっては大変と張りつめた空気でした。

重き通行の前には必ず先触れがあり、これにより宿内のみならず、宿外の街道清掃までも義務づけられました。

街道清掃には周辺の村々のみならず、遠方の村まで動員され、事前の割り当て通り、枯れ枝、落ち葉、落石等々の除去や除草などに取り掛かります。隣宿との境界まで延々と道路清掃を行い、重き人の旅が何の支障もなく、気持ち良く通行できるよう準備したのです。

宿内についてはさらに具体的な指示がなされ、細かいものでは「犬・猫は表に出すな」「焚火禁止」「音をたてるな」等々まで厳命されることもあり、宿駅ではこれに従い準備万端整えます。

旅で一番難儀なのは「川越し」です。大井川のように徒歩渡りの川では、大名といえども輦台での川越しを余儀なくされます。

この大河川に臨時に橋を架けるのが「将軍の旅」と「朝鮮通信使の旅」でした。富士川の記録を見ると朝鮮通信使来朝の12回のうち6回について舟橋を架けています。

架橋するといっても幅何百メートルにも及ぶ大河川ですので、簡単には舟橋が作れず、近傍の村々を総動員する大作業です。

まず周辺の村々から徴発した数十艘に及ぶ舟を横に並べ、棕櫚縄《しゅろなわ》で繋ぎます。その上に板を渡し、砂利・土を道路状に固めて人馬の通行に耐える橋としました。

たとえ舟を強く縛っても、川の流れで直線道路にはならず相当なタワミが生じます。これを最小限にするよう多くの巨木を立てますが、川中央部に杭を立てるのは大作業で、膨大な時間と費用を要しました。

3代将軍家光が上洛する際、実弟である駿河大納言忠長は大井川に舟橋を架けました。しかし家光は膨大な費用を問題視し、忠長を所替え処分にしたほど、舟橋は正に贅沢の極みでした。この架橋から判断すると、重き通行の順は、一に将軍、二に朝鮮通信使となります。

通算6回も舟橋を架けたことから、家康の「朝鮮重視」の考えは、その後の将軍達にもしっかりと引き継がれたことが明白です。

このほかに、重き通行として緊張が走るのは勅使や大名の旅です。殊に大名行列は多人数が一挙に通行することもあり、休泊の部屋割りなど神経を使うことも多く、宿を挙げての対応を余儀なくされました。大名行列は２００人、４００人、中には２０００人を越えるなど、大名の格あるいは時代により規模はかなり変化しています。

その都度、規模に応じた対応が必要とされ、さらにはほかの大名や勅使などとの調整、天候不順による日程変更等々もあり、電話の無いなか大集団を捌くのは手間のかかる大作業でした。

本陣は、宿駅あたり2軒程度しかなく、宿泊する方も、受ける方も準備に大童です。1本陣当たりの提供可能部屋数は知れており、脇本陣、旅籠屋、寺院、民家などを総動員し、それでも収容しきれない場合は、周辺の村々や前後の宿駅に依頼することもありました。

大名側は半年以上も前に予約を入れ、参勤交代メンバーが決定次第、部屋割りと関札を届けます。事前に担当者を派遣して細部調整を行い、本陣では、当日関

草津宿本陣

札を宿入口と本陣の門に掲げました。一行名を明示して、宿内を引き締めるとともに、失礼無きよう万全を期したのです。

勅使、公家、日光例幣使、お茶壺《ちゃつぼ》道中等の旅も宿駅全体が神経を使う重き通行であり、さらに象など将軍が呼び寄せた動物にまで大変な配慮が必要でした。8代将軍吉宗が熱望したため、ベトナム象が贈られたことがあります。この象を長崎から江戸に連れていく旅は全宿が連携し全力で対応しています。象の調子が良くなければ「不興」と連絡し、食物だけでなく、街道で犬などが騒がないよう裏に繋ぐことまで細かい指示を出しました。

問屋場での些細なミスも東海道全宿に文書で知らされることなどもあり、重き通行に失敗は許されないと、極端な緊張が走り、大変な心労でした。

重き通行に準ずるものに「お茶壺道中」があります。「ズイズイ　ズッコロばし、ごまみそズイ、茶壺に追われてトッピンシャン、抜けたらドンドコショ」という童歌は「お茶壺道中が来るから戸をピシャと閉めてしばらく我慢しよう。一行が行っちゃったらまたドンドコ遊ぼうね」といった意味ですが、こんな子供の唄にまで毛嫌いされる様子が残るほど、将軍の権威を笠に着た傍若無人の旅でした。単なる壺運送に過ぎませんが、将軍御用達の宇治新茶ということから、一行の要求はエスカレートし、時には本陣での宿泊まで要求する有様でした。

一方、重き人物でも、気さくで温かい面はあり、その類のエピソードも残されています。

丸子宿を出て宇津ノ谷《うつのや》峠へ向かう山道の途中に、街道に張り付くようにして小ぢんまりした宇津ノ谷集落があります。立場《たてば》（茶屋などが集まっている場所）的存在で古代から多くの旅人に頼りにされた村です。峠の前後は誰でも不安になり、山道の様子を尋ね、険しさへの備えをし、あるいはエネルギー補給をするものです。この宇津ノ谷集落に今も続く「お羽織屋（石川家）」と呼ばれる家があり、何代にもわたって旅人相手にあらゆる要望に応じてきました。お茶、食事、草鞋・合羽、時には薬を所望されたり、破れた服の繕いもしたかもしれません。

この店に天正18（1590）年、小田原の北条攻めに向かう豊臣秀吉が立ち寄り、馬の沓の交換を頼んだところ、主人は死（四）を避ける意味で、三つしか交換しなかったことから、秀吉は主人の思いやりを汲み取り、大いに感激しました。

　北条氏を破って帰路も立ち寄ると小田原攻めの間、1日も欠かさず秀吉のため祈っていたことを知り、改めて感激し、愛用の陣羽織を主人に与えました。今日でもその陣羽織が展示・公開されており、天下を分ける重要な戦で秀吉自身が身に着けた貴重なものを目にすることができます。町民から怖れられるような雲上人も、やさしい面を持ち併せていたことは間違いありません。

　重き通行への対応から受ける重き人のイメージとは大きなギャップがありますが、街道ウォーキングをするとその両面を知ることができます。

　秀吉が宇津ノ谷で羽織を与えたことを聞き、家康もその後この石川家に立寄った際には茶会席で使う立派な茶碗を贈っています。さらに15代・慶喜も茶碗を贈っており、3人の天下人の贈り物が一堂に会する貴重な場所となっています。

なお、「重き通行」「重き人物」等の使い方に対し、一般の人等の意味で「軽き人」という言い方も使われました。

　金谷宿の大井川河畔にあった高札場には、幕末に

定

一、……、川越之者……たとへ軽き旅人たりというとも大切に思ひ、あやまちなき様に念を入へき事

と記載されていた事実があり、重き人と呼ばれる一握りの貴人以外は「軽き人」と呼ばれたことを示しています。

継飛脚による公用文書の逓送

　宿駅業務の中心は公用旅行の継立であり、そのため朱印状か御証文持参者に次の宿駅まで無賃で人馬を提供しましたが、この他に公用の文書・荷物を継立てるという重要業務がありました。旅人の継立については、

人馬に余裕があれば、公用以外でも有償で継立てましたが、継飛脚は公用文書類以外の逓送は禁止されており、御三家といえども利用できません。

全てが幕府業務に関する書類等であり、一刻も早く次の宿駅に届ける必要から、長時間にわたり走りきれる屈強な者が選任されています。問屋場で継立てたり、時に名主宅を利用して継立てるなど公用の旅人以上に気を遣う大事な業務でした。

この継飛脚に倣って、沿線に独自の飛脚を備える大名もあり、これを大名飛脚と呼び、一般町民用飛脚は町飛脚とか定《じょう》飛脚と呼びました。大名飛脚として専用の飛脚を準備するのは財政的にも大変なことで、定飛脚の発達とともにこの活用が一般化しますが、紀州徳川家は最後まで専用の飛脚を準備していました。「御七里小屋」として、ほぼ7里ごとに専用の飛脚要員を配置させていたことが「宿村大概帳」にも記録されています。

江戸～京・大坂間を4～5日で走破したと言われますが、この継飛脚を中心に、明治4年に新政府の郵便制度が開始され、当初の郵便取扱所は東海道の宿駅と

大切な手紙や書類を運ぶ際に使用した状箱　[郵政博物館蔵]

東京・京・大坂の3郵便役所並びに佐屋路の名古屋・岩塚・万場・神守・佐屋で開始されました。日本の郵便制度は東海道とその脇往還の宿場町から始まったのです。

2 朝鮮通信使に準備した薩埵新道と舟橋

薩埵峠中腹に東海道新設

薩埵峠は薩埵山が海に突き出るところで、険しく切り立っており、富士山のなだらかな稜線とは対照的です。両者を一枚に収めた絵や写真は見応えあり、しばしば紹介されます。広重も保永堂版に採り入れたほどで、東海道で指折りの景勝地です。東に富士山、南に伊豆半島、眼下に駿河湾を眺められ、最高の眺望といえますが、有数の難所でもあり作道は厳しい山でした。古代より東海道は海岸を通す形で山裾に敷かれ、海が荒れれば不通となりました。いわゆる親不知《おやしらず》、子不知《こしらず》の海岸通りですが、通信使に対し国威を示したい幕府としては、東海道の付替えを検討し、最終的に新道建設を決断したのです。

明暦元（1655）年のことで、第6回通信使を迎えるに当たり、柘植右衛門を駿河薩埵峠作道奉行に発令し、急遽、薩埵山中腹に新道を設けました。現在の薩埵中道《なかみち》です。今でも階段部分が残り、車が通れない区間があります、次の第7回、天和2（1682）年には、上道《うえみち》を新設したので、現在は普通車が通れる道も作られましたが、すれ違いが難しい部分は残されており、車で行かれる場合には小型車をお勧めします。

富士川などでの舟橋架橋

舟橋は架橋に苦労し多額の費用を要する贅沢設備ですが、幕府は朝鮮通信使のために、この舟橋を架けることまでして歓迎の意を表しました。

宝暦14（1764）年の舟橋では漁船38艘を使って長さ50間（約90メートル）巾9尺（約2・7メートル）の橋を架け、橋を支えるための男柱は周囲6尺に及ぶ松の丸太を15本使っています。

通信使は都合12回来朝し、うち10回が江戸までの旅で、富士川では以下の６回について舟橋を架けました。

明暦元（１６５５）年
天和２（１６８２）年
正徳元（１７１１）年
享保４（１７１９）年
寛延元（１７４８）年
宝暦14（１７６４）年

御三家の通行にも架橋せず、将軍のためだけに架けた舟橋を、朝鮮通信使に度々準備したことはほとんど知られていませんが、江戸時代の外交関係で注目しておくべき事柄です。

綱牽き人足による淀川舟運

伏見～大坂間の旅人は、下りは三十石舟を利用し、一方、上りは船賃も高く時間もかかることから、歩くのが一般的でした。船で伏見に向かうのは、流れに逆行し、人足が岸から綱を牽く船旅となり、非常に贅沢な旅でした。

しかし幕府は朝鮮通信使の大船団に、多くの綱牽き人足を動員して淀川の船旅を楽しませたのです。明和元（１７６４）年の第11回来朝時には牧方宿から１４７８人が動員されています。なお、船を軽くするため荷物は陸送しており、その人馬も相当数と思われます。

４隻の川御座船《かわござぶね》を準備し、そのほか大名の持ち船を提供させ総数１０５隻で淀川を上りました。幕府所有の紀伊国丸は長さ98尺（約29・８メートル）、幅20尺、櫓16丁の大型船で、綱牽き人足は80～90人です。２階建ての屋形船で色鮮やかな豪華船でした。

なお、三十石舟、四十石舟なども動員しましたが、手洗い設備がないためトイレを備えた雪隠船《せっちんぶね》が一緒に運航しています。

一里塚の移設

東海道は津波、高潮、川の氾濫などにより、付替えを余儀なくされることが度々で、その都度、幕府許可を得て付け替えます。しかし一里塚は巨木で移設も容易でなく、また、移動せずとも見通せて一里塚の位置がわかれば支障ないことから、旧街道に残す場合もありました。しかしながら、朝鮮通信使の来朝が決まると、通信使へのサービスと国の威信を考慮し移設議論が持ち上がり、移設に至ったこともあります。

間《あい》の宿《しゅく》・岩淵は宝永２（１７０５）年の富士川大洪水で被災し、さらに宝永4年の震災もありました。幕府は同年東海道の所替を承認し、現在の丘陵上の街道に移設しましたが、一里塚はそのまま放置されました。

しかし正徳元（１７１１）年に通信使の来朝が決まり、幕府より「全ての一里塚について掃除役が命ぜられる」に及び、岩淵一里塚を急遽移し替えています。朝鮮通信使は将軍の旅に匹敵するほどの、「重き通行」の代表格ともいうべき特別な通行でした。

朝鮮通信使との文化交流

朝鮮通信使の旅では、わずかな通訳を除けば、ほとんど言葉が通じないなか、毎回４００～５００人に及ぶ大勢の来朝が続いたのは、通信使には文化交流という側面があったからです。多くの楽団員が笛・太鼓を始め多くの朝鮮楽器を演奏しながらの旅であり、受け入れる町人側も珍しがり、各地で筆談による即席交流が行われました。音楽だけでなく、色々な分野から構成された使節団で、幅広い交歓が進み、相互に好印象を与えた通信使の旅でした。

医療分野も確認されており、そのほか衣食住を始め生活全般にわたる交流ができるよう配慮された構成です。

江戸まで行く通信使の旅でも、その内5回は１００人以上が大坂に止まっており、この間大坂町民達と幅広く文化交流しています。

朝鮮通信使の行列は曲を奏でながら賑やかに旅して、見物人達に好感を与え続け、その評判は広範に行き渡りました。その後地元のお祭りに採り入れたところも多く、現在もお祭りに登場することがあるのは、掛川宿近くの大須賀町があります。三熊野《みくまの》神社のお祭で地元・川原町が出すねりの一つに「朝鮮行列ねり（唐人ねり）」があり、これを出す年は、江戸時代から必ず「１番ねり」として先頭を担ってきました。通信使の旅が街道周辺に好印象を与え、親しまれてきたことがわかります。

さらに吉田宿の近く田原藩の御姫様はこの行列ねり

清見寺　[写真提供：静岡県観光協会]

を是非見たいと、二川宿の旅籠を借り前夜から侍女4人・家来3人を伴って見物に出かけたことまで記録されています。

　興津宿の清見寺には通信使の正使などの扁額が多数残され、そのほかの地区にも現存していることを考えると、書を通じての交歓が行われたことは明らかです。朝鮮通信使が揮毫した扁額が日本国内に33枚あることが確認されており、そのうち15枚が興津宿周辺です。現在でも通信使の宿泊先となった清見寺には7枚の扁額が存在し、「東海名区」と書かれた巨大な扁額は東海道に面した山門に掲げられています。ほかに京都から東京までの都府県にも15枚掲げられているので、各地で文化交流が行われ、国際文化交流がなされたことがわかります。

　両国高官による幅広い文化交流が、朝鮮通信使の成功理由に挙げられます。

3 大坂遷都も視野に、守口宿へ異例の行幸

大久保利通は新政府が江戸幕府を全面的に引き継いだ暁には、「新首都を大坂に」と考え、副総裁・岩倉具視《ともみ》に、大坂親征の名目で守口宿までの行幸をお願いします。明治天皇は慶応4（1868）年3月21日に守口宿に到着され、当日は西御坊・難宗寺《なんしゅうじ》を行在所とされました。

明治天皇は翌22日に太政官を伴い、東御坊・盛泉《じょうせん》寺《じ》に向かわれます。ここには本堂前に内侍所《ないしどころ》（賢所《かしこどころ》）が設けられ、三種の神器の一つ・八咫鏡《やたのかがみ》も奉安され、明治天皇は宮中行事をつつがなく納められました。新首都は未定でしたが、神器を連ねての大坂行幸となり、平安遷都以来の、歴史的な日であり、場所となりました。

通常の行幸とは関係のない神器が御羽根車によって運ばれ、そのため御羽根車専用の門まで新設しての特別行幸でした。

宮中以外に奉安されない八咫鏡が運ばれ、宮中行事が行われたことを考えると、短時間とはいえ、形式的には都のようになったことから、現在でも「幻の大坂遷都」として語り継がれています。

このように内侍所が置かれた経緯から、今次大戦中の寺鐘供出の流れの中でも保存要望が起こり、盛泉寺の鐘は「寺鐘出征」を免れ、今日でも昔のままの姿で役目を果たしています。

盛泉寺は親鸞聖人を宗祖とし、教如上人を開祖とする由緒ある古刹で、大坂夏の陣で焼失後ただちに再建された真言宗大谷派の由緒ある寺院です。

東海道57番守口宿内に、このような重要国事が行われた寺院が存在することは、ほとんど知られていません。

本堂前の内侍所跡は鎖で四角に囲まれ大切に保存されており、松方正義元首相が揮毫した「内侍所跡」の碑とともに、この幻の大坂遷都を伝えます。

王政復古直後の混乱期における最初の大行事で、例を見ない神器を連ねた行幸として記憶されています。

御羽根車が入るために新設された塀重門は、現在も山門の横にそのまま併設され、東海道を通る旅人は誰でも眼にすることが可能です。

表向きは大坂親征でしたが、大坂遷都を意図した行幸でした。しかし、その後前島密らの東京首都構想が大勢を占め、その結果明治天皇は秋に江戸へ向かわれました。12月に一度京に戻られた後、翌明治2年に再び江戸へ向かわれ、今日に至っています。

4 敵陣に単身乗り込む幕臣・山岡鉄舟《やまおかてっしゅう》の旅

慶応3年の秋、15代将軍慶喜は政権を朝廷に返上しました。しかし、その後の近代的政治体制議論が、返上前に描いた方向でないことから、慶喜には不満が募っていました。そういう状況下で、幕府側は挑発に乗る形で慶応4年1月3日に鳥羽伏見の戦を引き起こし、短時間の戦闘で大坂までの敗走を余儀なくされます。その後慶喜は軍艦で江戸に逃げ戻り、周辺からも信を失う形となりました。

新政府は朝敵・慶喜追討を決断し、3月15日を江戸城総攻撃の日と定め、東征軍は江戸に向け東海道・中山道・北陸道の3街道から進軍しました。

一方慶喜は上野寛永寺に引き籠り謹慎しますが、その実情を新政府に伝える術なく、悩み続けます。

この状況を目にした幕臣・山岡鉄舟は、慶喜がすでに江戸城を離れ謹慎生活に入っている事実を新政府に伝え、穏便な対応を求めるべきと考え、慶喜や勝海舟とも相談の上、東征軍参謀・西郷隆盛のもとに乗り込みます。薩摩出身の益満休之助《ますみつきゅうのすけ》一人を伴い、護身用に慶喜から渡されたフランス製ピストルを身に付け、急遽3月6日に江戸を出た鉄舟は駿府に向け急ぎます。途中体調を崩した益満を残し、7日に単身駿河に入りますが、薩埵峠に差し掛かると突然官軍に襲撃されます。あわてて引き返し、麓の茶屋・望嶽亭藤屋《ぼうがくていふじや》に飛び込むと、藤屋主人松永七郎平は鉄舟を咄嗟に奥の蔵座敷に案内します。隠し階段を通り裏の海岸に導き、江尻の清水次郎長《じろちょう》に依頼することを鉄舟に伝え、小舟で送り出しました。

かつて松永家が若き日の次郎長の面倒を見た縁で、松永氏が一筆認《したた》めれば、次郎長は依頼通り手を貸してくれると確信して、送り出したのです。

直後に官軍兵士が藤屋を訪れ、不審者の匿いを疑いましたが、七郎平夫人・かくが終始しらを切り続け、事なきを得ています。その際、官軍は家中探し回りましたが、隠し階段には半畳の畳が敷かれ、置き床にされたため、鉄舟を階下から浜へ送り出したことは悟られずに済みました。

鉄舟は船乗りに変装し、江戸からの衣服・所持品は全て松永家に残したことから、フランス政府から将軍・慶喜に贈られた十連発のピストルは今日までそのまま藤屋に残されているのです。

鉄舟を預かった次郎長は松永氏からの要請であるため、丁重かつ全力を挙げて鉄舟を守り、9日に駿府に無事送り届けました。

西郷は鉄舟と対面し、

① 江戸城を明け渡す事
② 城内の兵を向島へ移す事
③ 兵器を全て引き渡す事
④ 幕府軍艦を引き渡す事
⑤ 徳川慶喜を備前藩へ預ける事

の5条件を申し渡し、さらに「慶喜の盲挙を助けた者の謝罪と暴挙するものを抑えなければ官軍が鎮める」と付言します。

これを受け鉄舟は「他藩預け」を除き了承したものの、「慶喜の備前藩預け」については断固拒否し、しばらく激しいやり取りが続きました。鉄舟の姿勢にたまりかねた西郷がその理由を尋ねるに及び、鉄舟は「西郷殿がこの立場であったら、島津公を他藩に預けられますか。私にはできません」と説明しています。鉄舟の最後まで主君を慕い直接行動する固い信念と言動に西郷の心は揺り動かされます。後に西郷は「鉄舟は武士の鑑だ」「命もいらず、名もいらず、官位も金もいらぬ者は始末に困るものなり」と言って山岡に惚れ込み、明治天皇の教育担当侍従に推挙します。

会談中に西郷は「慶喜の件は慎重に対応すべき」と考えた模様で、鉄舟に「江戸でもう一度会おう」と言っ

山岡鉄舟を救った隠し階段（望嶽亭藤屋）

て、通行証を渡して送り出しました。

西郷は口にこそしなかったものの「城を捨て、自ら謹慎までしている慶喜の扱いで無理押しすれば、江戸での戦は城だけに止まらない。新政府としても再考すべきだ」との考えに至ったのです。

3月12日に西郷を含め東征軍は江戸に入り、池上本門寺《いけがみほんもんじ》に陣を敷きます。この日から14日まで、東征軍参謀西郷隆盛と勝海舟・山岡鉄舟の幕府側は池上本門寺、愛宕山頂、薩摩藩下屋敷、薩摩藩蔵屋敷と何箇所も場所を変えながら、最後の詰めを行います。しかし13日の愛宕山頂での会談は花見も兼ねていた模様で、9日の府中会談で西郷の腹は固まっていた感があります。14日の薩摩藩邸では9日の会談で合意とならなかった点について「慶喜公の今後は新政府の中で議論し、別途沙汰《さた》する。当面は水戸で謹慎せよ」と言い渡し、15日の江戸城総攻撃は中止としました。いわゆる江戸城無血開城の決定です。

田町駅近くにある薩摩藩邸跡　西郷・勝会見之地碑

この結果、江戸が首都東京に、さらには世界有数の政治・経済都市へと成長する道が確保されたのです。

これにより江戸が灰塵に帰すことは免れましたが、3月7日に鉄舟が助けられていなければ、西郷との話し合いはできず、15日の江戸総攻撃は不可避だったと思われます。江戸が壊滅すれば新首都は大坂になった可能性が大きく、藤屋での鉄舟救済劇は近代日本建設への第1歩に、大きな影響を与えたことは間違いありません。

新首都が大坂になっていれば、東海道が今のような世界的大ベルト地帯になっていたのか、あるいは大坂中心で瀬戸内海周辺を含む放射状の首都圏になっていたのか、これは全く不明ですが、少なくとも現在のような東海道ではないことは確かです。

山岡鉄舟の直接敵陣に乗り込んで話し合うという重き決断は、3月6日の江戸出発から7日の倉沢での救出劇、9日の駿府会談、12日の池上本門寺、13日の愛宕山頂、14日の薩摩藩邸という東海道沿線における目まぐるしい動きに繋がります。今日の「世界の東京」があることを考えると、特に山岡鉄舟の重き決断には日本人として感謝してもしきれません。

東海道には様々な歴史的舞台があり、このような場に立てるのも街道ウォーキングの魅力といえます。

5 古の生活・文化を伝える宿駅の数々

山部赤人《やまべのあかひと》が富士を詠った田子の浦

富士は高さだけでなく、美しさ、品位、神秘性も備え、日本一の山といわれるだけのことはあります。万人が愛する山ですが、古くは山部赤人が京から東行する際に、薩埵山麓を過ぎて田子の浦に差し掛かったあたりで、雪降る富士に感嘆し「田子の浦ゆ　うち出でてみれば　真白にぞ　富士の高嶺に　雪はふりつつ（ける）」と詠んだことは余りに有名です。

冠雪の富士は大変魅力的で、富士を見るなら12月頃から3月頃、特に1～2月がベストシーズンといわれます。東海道から眺めるなら、沼津宿あたりから薩埵峠までの富士が見応えがあります。山部赤人も富士の雪景色に感動して、この句を作ったわけで、富士と雪は切っても切れない縁なのかもしれません。

❖「田子の浦」は何処

赤人の詠んだ句により「田子の浦」の名は全国に知られ、富士のビューポイントとして注目されています。

現在田子の浦の名が使われているのは「東田子の浦駅」や「田子の浦港」、さらには富士市で製造されている「田子の月」という菓子などがありますが、いずれも富士川東岸です。

天保14（１８４３）年の「宿村大概帳」は「田子の浦」について記載しています。

蒲原宿の項では、

> 蒲原宿から由比宿までの間の村……
> 右村々いつれも海辺附にて「田子の浦」ととなへ、
> 風景よろしき場所也

と記し、由比宿の項では

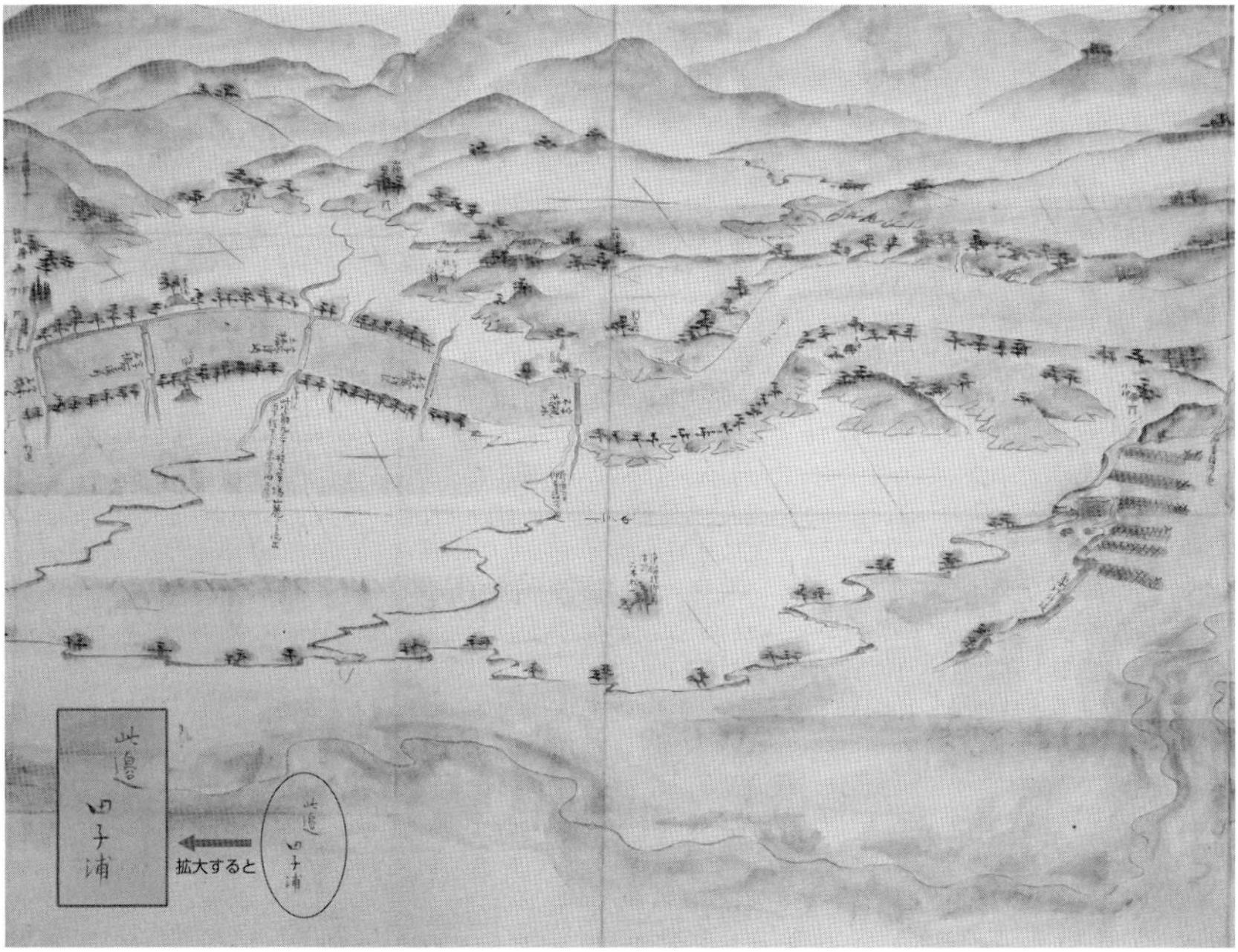

東海道分間延絵図・田子の浦（蒲原宿海岸部・富士川西岸）［郵政博物館蔵］

由比宿並びに北田村・町屋原村・今宿村・寺尾村・東倉沢村・西倉沢村いつれも海辺附にて右浜を田子の浦と名付、塩浜等有之、古歌も多有之名所也

と記載しており、江戸時代は蒲原・由比の浜一帯が田子の浦であったことがわかります。

広辞苑には「北に富士山を仰ぎ　西に三保の松原を望み古来東海道屈指の勝地。古くは富士川西岸、蒲原・由比・興津の海岸をいう」と説明されています。

また蒲原には和歌宮神社があり、その祭神は山部赤人です。このようなことから判断すると山部赤人は京から東へ下る旅で、薩埵山麓を越えて由比から蒲原あたりまで来たところで、富士の姿に感嘆し詠んだと考えられます。

東海道には往時の遺構は少なくなりましたが、富士をはじめとして海・山・湖・川・峠等々自然が造り出した素晴らしい観光拠点があり、これらが、旅を楽しませてくれます。この自然の素晴らしさは、時に街道の遺構以上に、ウォーキングの魅力を教えてくれますが、その中でも最高なのは冠雪した富士の姿と言って過言でありません。

なお、富士山は平成25年に「世界遺産」に登録され、その後は富士だけを眺めに来る方も増えています。単に美しいというだけでなく、富士山の持つ「信仰の対象と芸術の源泉」が評価されて世界遺産になっており、改めて富士の持つ多面性に感心させられます。

バランスのとれた美しい山という自然面からの評価以上に、文化面が評価されて世界遺産になったことを肝に命じる必要があります。

有名歌人が感動した東海道の「詩舞台」

❖在原業平

八橋の杜若《かきつばた》（伊勢物語・古今集）

池鯉鮒《ちりゅう》宿近くに八橋という場所があり、杜若の名所として古くから知られています、京から下り八橋にかかった際に、この「かきつばた」の5文字を頭に「から衣　きつつなれにし　つましあれば　はるばるきぬる　たびをしぞおもう」と詠み、都に残した妻子を想う句として有名です。この杜若が庭の池を中心に咲き乱れるのが無量寿寺《むりょうじゅじ》という古刹です。

この句は古今集にも選ばれ有名となりましたが、例年5月中下旬は、このように一句詠みたくなるような杜若が咲き乱れるところです。

宇津ノ谷近く、蔦《つた》の細道

宇津ノ谷には家康の定めた東海道以外に、昔から使われてきた古道が東海道に並行する形で現存します。「蔦の細道」と呼ばれた旧道で、古代から多くの旅人が通り、在原業平は「駿河なる　宇津の山べの　うつつにも　夢にも人に　あはぬなりけし」と詠みました。ほかにもここで詠った人は多く、そのような雰囲気に充ちた古道です。人家も建てられない細い通路といった感がする中、しばらく歩き続けると、その狭さゆえに思い出に残る道ともなります。

余りに狭隘なため、鎌倉幕府や小田原攻めの秀吉がこの道を迂回する形で通した道が、家康により東海道として指定されました。並行する東海道は蔦の細道より幅広く趣は若干異なります。現在は両道が巧みに併存する形となり、静岡駅から岡部宿にかけて、往復とも楽しめる形となり、いずれも江戸期の街道が持つ独特の雰囲気を伝えており、一句詠みたくなる山道です。

無量寿寺の杜若

西行法師

平安時代の代表的歌人で、俳聖・芭蕉が尊敬してやまない歌人・西行法師の句、

小夜の中山「年たけて　また越ゆべしと　思ひきや
命なりけり　小夜《さよ》の中山」

大磯宿「こころなき　身にもあはれは　知られけり
鴫たつ沢の　秋の夕暮」

西行法師が奥州へ向かう際、大磯付近で詠んだもので、小夜の中山の句とともに代表的な歌が東海道で詠まれています。

松尾芭蕉

芭蕉は東海道でも多くの句を残しました。

川崎宿「麦の穂を　たよりにつかむ　別れかな」

この句は元禄７（１６９４）年に長崎に旅立つ際、

見送りに来た弟子達と川崎宿西（現京浜急行八丁畷《はっちょうなわて》駅付近）で詠んだものです。この旅の途中で芭蕉は帰らぬ人となりました。

江戸から西に上る際、見送りは一般的に品川宿まででしたが、別れがたい場合には川崎宿まで見送ったことがわかります。

丸子宿「梅わかな　丸子の宿の　とろろ汁」

嶋田宿「馬方は　しらじ時雨の　大井川」

小夜の中山「命なり　わずかの笠の　下涼み」

芭蕉が、尊敬する西行法師が小夜の中山峠で詠った句を受けて、詠ったと思われます。

三嶋暦《みしまごよみ》が伝える「太陰太陽暦」
——太陰太陽暦から太陽暦へ

現在わが国が西暦として使用する暦は正式にはグレゴリオ暦と呼ばれ、太陽の動きに連動するユリウス歴をローマ教皇グレゴリウス13世が手を加えた陽暦（新暦）です。

世界的に見ると月の動きに連動するイスラム歴のような完全な太陰暦もありますが、古代から日本が使用したのは中国伝来の太陰太陽暦です。

旧暦とも呼ばれるこの暦は、月の動きに連動するもので、月が地球を1周する「約29・5日」を基本と考え30日の「大の月」と29日の「小の月」を組み合わせて1年12カ月を構成します。「大の月」「小の月」は必ずしも交互ではなく、月の動きとの関係から、大の月が続いたり、小の月が続き、毎年その組み合わせは変わります。平年であれば1年は３５３日～３５５日となり太陽との関係（３６５日強で1周）が大幅に狂うので、3年に1度閏《うるう》月を入れ、調整を図るもので、これを太陰太陽暦と呼びます。閏年は13カ月となり、３８３日～３８５日でした。

いずれの暦にも一長一短があり、月の朔望《さくぼう》に連動する旧暦は月夜と闇夜が明確ですので、闇討ち、討ち入りには夜道が暗い朔日か晦日が狙われ、土地不案内での戦は満月前後が選ばれました。赤穂浪士の討入りや官軍による慶応4年3月15日に設定された江戸城総攻撃は月夜の下での戦を意識して決定されたと思われます。

3年に1度閏月を挿入して太陽との関係を調整するという、いわゆる「気候とのズレを少なくする」方法は理にかなうものです。しかし1年が12カ月であったり、13カ月では、政府としては3年に一度大型予算を組む必要があり、明治政府は変動の少ないグレゴリオ暦の採用に踏み切りました。明治5（1872）年11月9日に「改暦の詔書《しょうしょ》」を発布し、明治5年12月2日24時を明治6（1873）年1月1日0時にしたのです。

これによって明治5年は途中で打ち切られ、わが国史上最短の年となりました。

❖政府に異を唱えた福沢諭吉

幕末から明治にかけての賢人の一人・福沢諭吉はグレゴリオ暦の長所を熟知し、従来の複雑な暦より、1年の日数が安定している西暦を称賛しています。明治5年、改暦が発表されると「太陽暦の採用には大賛成である。しかしながら国民に新旧の違いを詳細に繰り返し説明の上、大方が納得してから採用すべきで、唐突に移行する政府のやり方は納得できない」と「改暦弁」などで政府を痛烈に非難しました。確かに旧暦と新暦の違いは大きく、戸惑いは大きかったと思います。月との関係が深い自然界に関係する分野では、旧暦が便利なところもあり、1カ月も無い中で急遽暦を変えたことは誠に驚きです。明治新政府の腕力に改めて感心すると同時に、革命であったことを再認識する事になります。

❖江戸時代の暦とその特徴

日本は古代から中国暦を使っていましたが、その後従来の暦に手を加える形で独自に作りだした結果、江戸時代には三嶋暦のほか、京暦、伊勢暦など朝廷や権力者に支配される形で複数の暦が作成されました。しかしいずれも太陰太陽暦であり、ほとんど違いはありません。

旧暦のわかりにくいところは「大の月」、「小の月」の組み合わせが毎年異なることです。今月の支払日である晦日は29日か30日かを常に気にしておく必要があり、月の大小を示す室内小物が各家庭に準備されていました。月の大小配置が毎年変わるのは、月の公転周

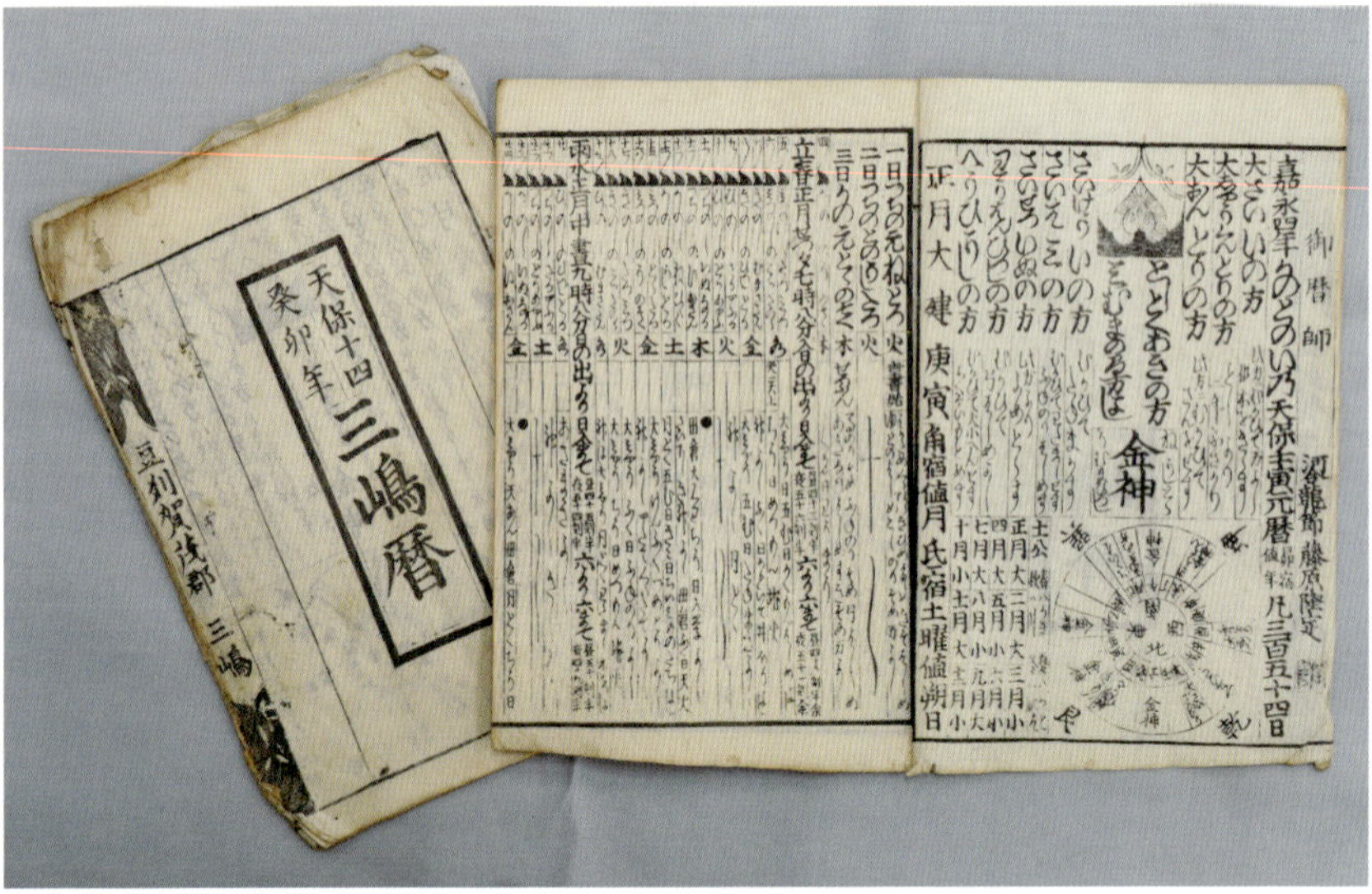

三嶋暦　［写真提供：三島市役所商工観光課］

期が29・5日とはいうものの、決して一定ではなく、29日6時間強から29日20時間弱までの差があり、そのため月の動きに合わせ微修正が必要となります。これが1月からの組み合わせを、「大の月」「大の月」「小の月」にしたり、小小大などにする理由なのです。

❖日本最古の仮名暦・三嶋暦

「豆州三嶋に三嶋暦あり」として知られたこの暦は仮名文字を使用するわかりやすい暦で、鎌倉時代頃から三嶋大社近傍で明治16（1883）年まで河合家によって製造・販売されてきた暦です。

江戸初期までは伊豆・駿河・遠江《とおとうみ》・相模・武蔵・安房・甲斐・信濃など広範に販売され、幕末の発行部数は450万部にも及びました。

山桜の板をノミで彫って作成した暦版に墨を塗り、1枚1枚刷り込む方式で作成しますので、相当な手間です。日付・干支・二十四節気など記載内容は30種にも及ぶもので、科学的なことから迷信的なことまで幅広く掲載する暦でした。

❖現在の三嶋暦

三嶋暦を製作・販売してきた河合家の主屋が嘉永7（1854）年11月4日の大地震（いわゆる安政地震）で被災しましたが、その後再建され、現在「三嶋暦師の館」として公開されています。三嶋暦関係だけでなく、暦全般について幅広く展示・解説する資料館として知られます。「三嶋暦の会」が発行する現代版三嶋暦は新暦・旧暦の日付から月の形・日々の干支・七曜・六曜・二十四節気などが記載された便利な暦として作成されており、根強い人気があります。また天保時代の三嶋暦（複製）を版木と馬連を使って刷る経験も味わえる資料館です。

今日ではグレゴリオ暦しか縁がないので、旧暦の複雑さ・奥深さはなかなかわかりませんが、長所もあり、面白味もあります。暦についてやさしく且つ詳しく紹介してくれる資料館は東海道では三嶋暦師の館だけです。

絵画を伝える寺院と資料館

江戸時代も後半に入ると町民生活にゆとりが生じ、色々な文化が栄えてゆきます。絵の分野では、大量に摺れることもあって浮世絵が町民にも親しまれるものとなってゆきました。

一方、東海道原宿・松蔭寺《しょういんじ》の白隠《はくいん》禅師は釈迦・観音・達磨などの絵を描き、特に達磨絵では特色があり、町民にも有名でした。臨済宗中興の祖として全国的に知られた高僧で、亡くなるまで東海道原宿の松蔭寺で活動を続け大衆から親しまれていたのです。「駿河に過ぎたるものが二つあり。富士のお山に、原の白隠」といわれたほどで、教化活動のほか、絵としての評価も高く、幸いに多くの絵が残されています。

松蔭寺の達磨絵は全国的にも知られますがここは資料館ではありませんので、自隠画は1年に1回の公開（毎年4月29日）と限定されています。

なお、浮世絵を伝える博物館・美術館としては東海道には川崎宿と由比宿に2館があります。

川崎宿の「川崎・砂子《いさご》の里資料館」は広重をはじめ多くの有名浮世絵師の作品を所蔵しており、国内ばかりでなく、パリなどからも招待展示されるほど世界的に評価されている浮世絵資料館です。永年浮世絵を収集されてきた斎藤文夫氏が手掛けているもので、浮世絵が江戸時代の街道・旅・生活を詳しく伝えてくれます。

また川崎市が平成25年10月に「かわさき宿交流館」を開設したので。ここでも浮世絵など色々な形で川崎宿を解説しています。

由比宿の「東海道広重美術館」は広重の浮世絵を中心に展示する美術館で、由比本陣公園内にあります。

宿駅に必要とされた寺子屋教育

江戸時代で日本が誇るべきことの一つは、「識字率世界一」で、その背景には寺子屋教育の普及があります。

十返舎一九の「東海道中膝栗毛」が売れ、また旅に出る人が増えた背景にも識字率の高さがあったのは間違いありません。幕府が町民に知らせる手段は高札への書き込みであり、旅に関所手形が必要となれば、読み書きが重要性を増し、多くの町民が学ぶ必要性を感じるようになりました。

宿駅は農業中心の地域とは異なり、旅人相手に注文を受けメモしたり、商いをしたり、幅広い活動が必要でした。ゆえに寺子屋で学ぶ要望は高まり、宿駅内には寺子屋が増えたのです。

江戸時代に寺子屋教育が広がったのは、戦国時代と違って世の中が安定し、旅に出ることも、本を手にすることも可能となり、学ぶことの必要性が浸透したからです。全国各地に寺子屋が開設されました。

なお、寺子屋と言っても教える側は必ずしも僧侶に限定されず、神官・医者・浪人など教養があれば自宅を教室にして、近所の子供達に教えました。生徒は5歳位から14、15歳までが一般的で、10年間学ぶ子供や、14歳位から1年間しか通わない子など、色々なケースがありました。

教室では昨日からの新参者も、10年通っている子も一緒に学びます。現代の学校のように先生が生徒全員に同じことを教えるのではなく、個々の生徒に合った手本や往来物《おうらいもの》（教科書）を与え、その日に学ぶことを個別に指導する方式でした。年齢も将来の進路も異なる子供達を相手にしながら、個々人の進路、年齢、修得状況などを勘案して、生徒に合った往来物を個別に選ぶことから始めます。生徒は与えられた課題をやり

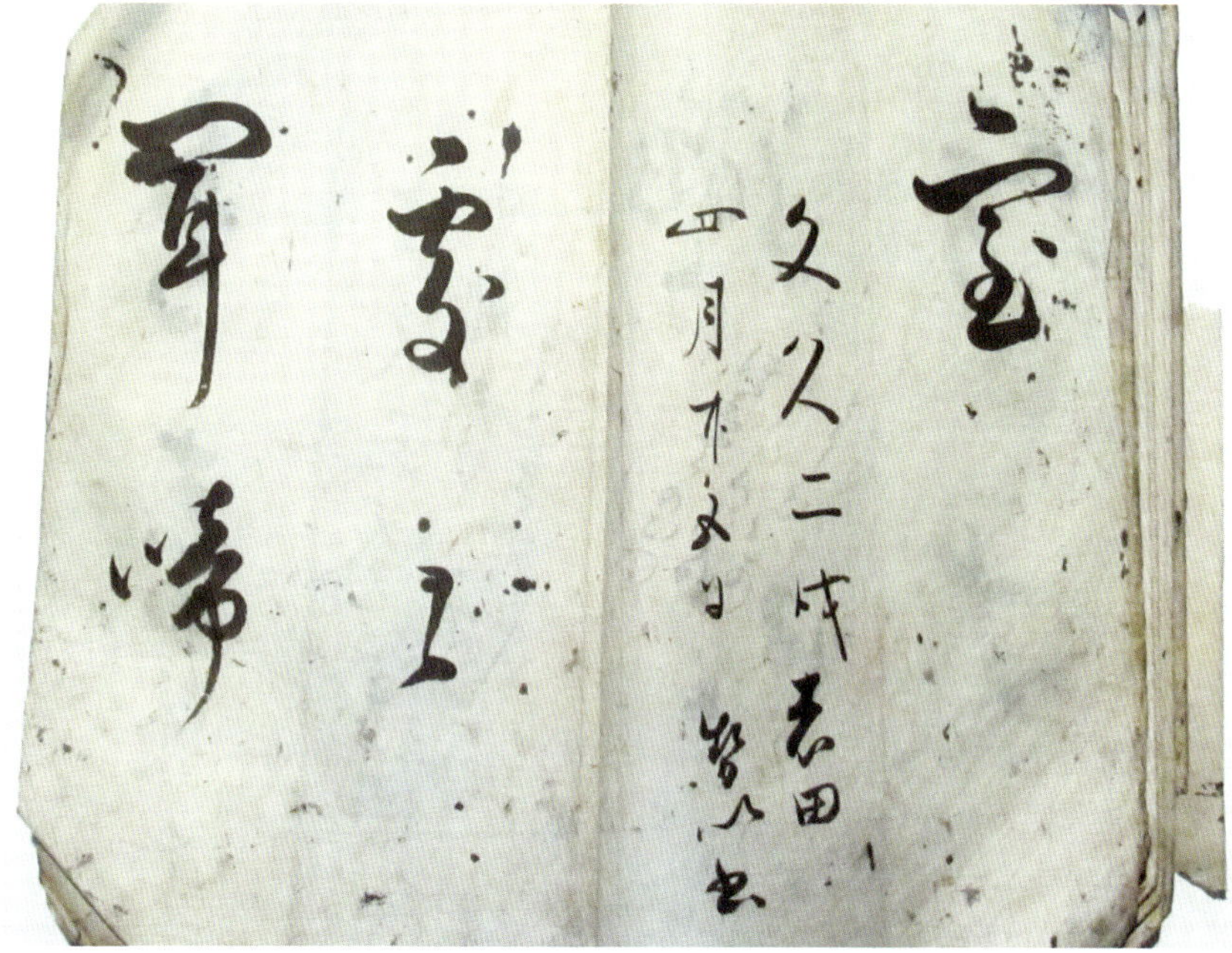

寺子屋手習帳（文久2年）［東海道町民生活歴史館蔵］

終えると進捗状況を個人的に報告し、次の指示を仰ぎました。

家庭教師の集合版と言ったところで、入学時期は必ずしも限定されず、師の側では柔軟に対応しました。往来物は浮世絵と同じく版木を使って刷ったものが一般的ですが、手書きの教科書もあり、教え方も多岐にわたります。東海道町民生活歴史館に現存する文久・万延年間の手《て》習帳《ならいちょう》によると漢字・俳句・地理など一人の生徒に幅広く教えたことがわかります。なお、5歳位で入学する子供にひらがなを教えるスピードは、現存する教材から判断すると「いろはから順に7文字ずつの手本」を与え、数日後に次の7文字の手本を渡す進め方でした。この速度から判断すると1カ月強で一通りひらがなが習得可能です。

女性用には家庭に納まることを前提とした往来物が多く、紐の結び方など家庭で役立つことにウェイトを置いています。一方、将来的に高度な勉強を目指す子供には漢文の本を与えるなど、レベルを上げました。

なお、手紙の書き方に関する本が多く残されていることから、簡潔に文章を書く要領と字の書き方（崩し方）を重視していたことがわかります。

各地に残る建築の技

近年の建造物には鉄筋や鉄骨を使う高層ビルが増え、また個人住宅でも特殊建材が多用されており、伝統的和風建築に見られた匠の技がほとんど見られなくなったのは寂しい限りです。

東海道沿いに江戸期建築が減ったとはいえ、東海道を歩くと江戸職人が残した建築技術を見ることができます。

東海道沿線で宿駅・街道に縁ある文化財の主な物では久能山《くのうざん》東照宮（本殿・石の間・拝殿は国宝）、掛川城御殿（重要文化財）、小休本陣大角家（重要文化財）などです。

そのほか国登録有形文化財が各地に見られます。

東照宮は家康公が眠る神廟《しんびょう》を背後にし、本殿、石の間、拝殿が平成22年12月に国宝に指定されていますが、その鮮やかに彩られた建物は見る者をうっとりとさせる見事さです。

掛川城御殿は対照的に地味で簡素な建築です。城主の居宅兼役所として使用された重要建築でありながら、全く華美なところが無く、無駄遣いせずに建造、維持されてきたことがよくわかる、貴重な城内建築です。釘を使わずに太い柱を巧みに組み合わせて建設する日本建築の素晴らしさを、内部からじっくり見学することが可能です。

小休本陣・大角家は、大名・勅使などの貴人達が昼食などで休憩する茶屋のようなもので、玄関・上段の間・庭が注目されます。一般的な小休本陣と比して実

街道コラム▶3

小休本陣《こやすみほんじん》（茶屋本陣）

間《あい》の宿に設けられた大名など貴人用の茶屋。間の宿は伝馬業務などを行う村でないため、収益のあがる宿泊業務を行うことは禁じられ、昼食の提供などの短時間の休憩に利用される施設です。このような施設を小休本陣と言いますが、中山道ではこの種施設を一般的に「茶屋本陣」と呼びました。

に豪華な建物です。これら3建築は是非とも見ておきたい江戸期建築です。

なお、部分的であっても匠の技として伝えたいものは東海道の各地に残されています。

・卯建《うだつ》（梲）

防火を目的として、隣家との間に設ける、あるいは屋根上に載せる一種の土壁で、東海道では間の宿・有松に多く残ります。

本格的防火建築となる「本卯建」から、横への防火を考えた「袖卯建」など色々な種類があり、建物に合った卯建が使われます。比較的中部地区に多い防火建築です。余裕の無い家では乗せられなかったことから「ぱっとしない」というような場合に「ウダツが上がらない」という言い方が生まれました。

・塗籠《ぬりごめ》建築と虫籠窓《むしこまど》

防火の目的で、建物全体を土壁で塗り固める「塗籠建築」も各地に点在しますが、室内の明るさ確保の観点から、窓は残すが火の侵入を限りなく抑えるように、窓枠や縦格子に土壁を用いて虫籠のようにしたのが「虫籠窓」です。東海道沿線では関西に多く見られましたが、現在は関宿などに少し残るだけで、最近はほとんど見かけなくなりました。

・本陣門（元樋口本陣門・現圓明寺《えんみょうじ》山門）

本陣に義務付けられた門構は、特に基準はなく、大きさ、豪華さはまちまちです。本陣建屋として残っているのは東海道では草津宿と二川宿の2本陣だけですが、部分的に残るのが土山本陣の上段の間、坂下本陣の玄関とその他数カ所の宿駅に残された本陣門だけとなりました。三嶋宿で圓明寺山門として移築された樋口本陣門も知られています。

欧米文化が入り交じる神奈川宿周辺

❖開港に揺れた神奈川宿周辺

朝鮮・琉球を除いて外交関係を持たず、オランダ・中国とだけ通商を行って来た江戸幕府も欧米列強の度重なる開国要求に耐え切れず、安政元（１８５４）年

壮麗な久能山東照宮

にアメリカと神奈川条約を締結し、さらに4年後には日米修好通商条約で神奈川開港を約束しました。この開港問題が朝廷を含め攘夷論者の反発を買い、幕府への不信感を助長し、討幕への動きを加速したことは間違いありません。

それまでは長崎だけが外国との通商地点でしたが、江戸に近い神奈川を開港したことにより、東海道にも従来とは異なった異人との遭遇・接触・取引という場面が生じ、色々なトラブルが発生しています。最大の事件は生麦事件で、川崎宿と神奈川宿の間、現在の京浜急行生麦駅近くの東海道で発生しました。京に向かう薩摩藩主の父・島津久光一行の前を、英国人リチャードソンが仲間とともに横切るなどの無礼を働き、これに怒った薩摩藩士が切り捨てたもので、文久2（1862）年のことでした。リチャードソンは来日したばかりで、大名行列やその類の一行であれば、街道脇に正座し、お通りいただくまで頭を下げるというような風習を全く知らなかったのです。そこから生じた無礼で、ちょうどその際付近を通りかかった米国人は日本人同様の対応をとり事なきを得ており、長期滞

卯建と虫籠窓を備えた有松の商家

圓明寺の山門は元樋口本陣門

生麦事件現場　F.ベアト撮影　[長崎大学附属図書館蔵]

在者はそれなりに対応しています。このように文化の違いによる悲劇は多数発生し、神奈川宿周辺は異様な空気に満ちていました。

生麦事件は日本の事情に精通してないことからの偶発的事件ですが、これがもとで薩英戦争にまで発展したことは広く知られています。しかしこれが国歌「君が代」に繋がったという話はあまり知られていません。

薩英戦争の賠償問題が一段落し、その手打ちの場で、英国は国歌を吹奏した後、薩摩藩に「国歌をどうぞ」と告げました。国歌の無い日本はやむなく「君が代は……」という古今和歌集の詠み人知らずの唄を朗詠しました。これが関係者の記憶に残り、その後明治になって国歌を定める段になって前例が披露され、この古今和歌集の詩をアレンジして日本の国歌「君が代」になったといわれます。

生麦事件は内外に大きな衝撃を与え、教科書でも触れられる大事件に至りましたが、そのほかにも多数のトラブルが見られ、ついに幕府は神奈川周辺に番所や関門を置くことにし、早速神奈川奉行は安政6（1859）年6月以降設置に取り掛かりました。鶴見橋関門は万延元（１８６０）年4月に設けられたもので、往還（幅4間）の両側には杉の角材を組み合わせた丈夫な塀が設置され、通行を監視・取り締まりました。生麦事件後は東は川崎宿まで、西は保土ヶ谷宿までに20カ所に及ぶ見張り番所を置き通行監視を強化しています。

❖外国領事館が並ぶ神奈川宿

開国により来日した欧米各国は領事館や住居を街道周辺の寺院から選択し、そこで外交業務を開始しています。キリスト教中心の欧米人が仏教寺院で仕事や生活するのは何かミスマッチのような気もしますが、幕末には天井が高く部屋数の多い建物がなかったことからの、やむを得ない対応でした。

戦後日本に進駐した米軍が同じような経験をしており、来日した米国側も住居などを貸す日本側も困惑した話が各地に残ります。幕末と違って昭和20年にはビルもあり、事務所は何とか揃いましたが、住宅提供では苦労しました。日本建築の床柱にペンキが塗られたり、畳の部屋が床張りに改造されるなど思いもかけぬ使用状況で、返還時に驚くことが多かったといいます。敗戦国と進駐軍の関係ですから、接収された形での使用でやむを得ないことでしたが、これに近いトラブルが神奈川宿周辺では発生していました。

幕末ではビルに近い大型建築は、日本の場合寺院建築に限られました。アメリカ人宣教師の寄宿舎として使用された浄土宗寺院・成仏寺は3代将軍上洛時に現在地に移設された歴史ある寺院です。最初の和英辞典を編集したヘボンは本堂に、聖書・讃美歌を翻訳したブラウンは庫裏《くり》に住み込みました。

フランスは公使館を甚行寺に、領事館を慶運寺に、イギリスは領事館を浄滝寺に置いて外交活動を展開しました。

❖無言の抵抗をした寺院

次々と欧米各国に部屋を提供する風潮の中、この流れを快しとせず、抵抗する寺院も出ています。しかし、幕府が決断した方針に真っ向から反対できなかったのでしょうか、貸せる状況にないよう急遽屋根を剥がした寺院がありました。改修せざるを得ない状況にし、幕命に逆らわない形で外国への貸与を免れた話です。これは真宗大谷派の良泉寺が考え出した妙案で、特にお咎めも無く、結果的に見事な対応となりました。

❖通訳として働いた竜馬未亡人・おりょう

住居・事務所以外にも困惑した例は多々あります。外国人の来客に、通訳を置かざるを得ないケースもその一つです。

広重の保永堂版・神奈川宿に描かれた茶店「さくらや」で、その後、店は「田中家」となり、高級料亭として現在も営業しています。ここでは英語のできる人を通訳兼仲居さんの形で女性を採用しました。

幕末に勝海舟も訪れていた格式ある料亭で、外国人客の対応に悩む主人に勝海舟が「英語のできる『竜馬の未亡人・おりょう』を使わないか」という話を持ちかけ、しばらくおりょうは田中家で働きました。簡単な英会話ができたことから重宝されたのです。当時の写真も残る田中家は建物こそ再建ですが、当時外国人客に出したように和室にテーブル・椅子を持ち込み、往時と同じ雰囲気での会席が現在も続きます。

❖幕府は「東海道の付替え」を検討

外国人とのトラブルが東海道沿線で多発するところから、幕府は東海道の付替えを真剣に検討しました。新東海道は品川宿から平塚宿まで青山通、厚木街道を通す案で、彦根藩世田谷領には関係の文書が届けられています。最終決定する前に幕府が倒れ、付替えとはなりませんでしたが、西欧との文化の違いが、街道移設の検討にまで至ったのです。

もしこの東海道品川宿~平塚間が付替えられていれば短絡されることになり、東海道53次と57次も、52次と56次になっていたかもしれません。

❖象の鼻

横浜開港に伴い安政6（１８５９）年波止場が築造され、東の波止場は大きく湾曲し、その形状から象の鼻と呼ばれました。関東大震災による被災などもあり、何回かの修復で形状も変化していますが、平成21年に開港１５０年事業として昔に戻す形で整備され、往時の波止場を伝えています。

第4章

江戸期の旅事情

１　様々な江戸期の旅

公用旅行

　家康が慶長６（１６０１）年に東海道に宿駅伝馬制を導入したのは、全国統治にあたり、将来とも中心となる幕府役人が比較的容易に各地に出掛け、江戸から発する命令が正確かつ迅速に徹底し、また各地の情報を早期に掴む目的でした。正に公用旅行のために制定した制度です。

　各宿駅に義務づけた人足・伝馬に余裕があれば誰でも有料で利用可能ですが、江戸時代初期は旅に出る人も少なく、あくまでも公用旅行中心の街道施策でした。

　序々に町民も旅に出るようになり、宿駅で待機する人馬では不足するケースも出てきたことから、公務用人馬を確保しておく必要が生じ、幕府は街道毎に「囲《かこい》人馬」として一定数の確保を指示しました。時代、街道によりその数は異なりますが、天保14（１８４３）年時点での東海道における「定囲人馬」は５人５疋で、さらに「臨時囲人馬」として多くの宿駅は25人15疋を確保しており、３割近くを押さえていたことになります。

　宿駅伝馬制の「公用旅行を円滑に遂行させるための制度」という基本方針は最後まで維持されました。ほかの街道にも囲人馬を命じてはいますが、東海道のような臨時囲い人馬までは要求していません。如何に東海道には公用旅行が多かったかを物語っています。

伊勢詣

　世の中が落ち着くと、旅に出たいと考える人も増えますが、若者も14、15歳になれば、丁稚《でっち》奉公に出て、盆・正月以外は働きづめで旅に出る余裕はありません。旅に出ることは簡単には理解されない時代で、旅に出るとすれば寺社詣で程度でした。その中で最も人気があったのは伊勢参りです、講を作って交代で旅することも徐々に広がります。

　神宮の方でも御師と呼ばれる準神職的な人達を抱え、各地に出掛けて伊勢神宮への参詣を呼びかけたり、参詣する人々に宿泊手配するなど幅広く支援しました。

さらにほぼ60年に一度お蔭参り（お影参り）と呼ばれる集団参詣が起こり、時によっては数百万人が参るという熱狂的ブームも到来しました。当時は「ぬけまいり」と呼ばれ、白衣に菅笠で、杓を持つ旅姿が多く見られました。非常に熱狂した道中となり、街道住民に援助を乞う人が増え問題も生じましたが、世の活性化にもつながる特別な伊勢参りでした。慶安３（１６５０）年、宝永２（１７０５）年、明和８（１７７１）年、文政13（１８３０）年、慶応３（１８６７）年の５度が大変な殺到ぶりで知られています。

お伊勢参りの傾向は明治以降も続き、昭和前期までは修学旅行といえば内宮《ないくう》・外宮《げくう》参りが人気でした。

秋葉山に向かう火防《ひぶせ》信仰

火防の神社として広く知られた秋葉《あきは》神社は、浜松市北部、天竜川上流にある秋葉山に設けられた神社です。秋葉寺の流れを汲む神社で、８世紀頃には開山されたといわれます。

灯りも、炊事も、暖房も、全て火に依存する時代には、失火も多く宿駅全体が焼失することもあり、火防の神への信仰は高まり続け、秋葉神社に詣でる人は尽きませんでした。

その秋葉神社に続く秋葉街道や東海道掛川地区には参詣人への案内も兼ね秋葉常夜燈が街道に沿って置かれました。また本山まで参詣に行けない人達が日々お祈りすることもあり、各地に秋葉常夜燈が置かれ、現在も街道に沿って多く残ります。

秋葉山へお参りする旅人は東からは東海道掛川宿西から北上し、西からは御油宿から本坂道（姫街道）経由で秋葉街道へと進みました。全国各地に秋葉常夜燈と彫られた石燈が置かれていますが、東海道掛川付近はさすがに多く、また秋葉山に近づくほど、祠《ほこら》に入れられ大切にされています。

日坂《にっさか》宿は坂下宿・由比宿と並んで非常に小さな宿ですが、それでも宿内に3基の大型常夜灯が置かれ、いずれも「秋葉常夜燈」とハッキリ彫り込まれています。大火に懲りて、火防の願いが強かったことが伝わります。

なお、東京の秋葉原は秋葉神社の分社が置かれていたことから生まれた地名で、江戸でも秋葉信仰が根強かったことを示します。

明治になって神仏分離が行われ、秋葉山に鎮座していた三尺坊《さんじゃくぼう》大権現は袋井宿近くの可睡斎《かすいさい》に移り、現在も秋葉総本山三尺坊大権現として古からの火防精神を引き継ぎ、毎年12月15日には火祭りを行っています。

一方の秋葉山には新たな神社が入り、従来同様12月15日、16日には例大祭と火祭りを行いながら火防精神の普及に勤めています。

巡礼の旅

聖地を次々に巡り参拝するいわゆる「巡礼」は西国三十三カ所や四国八十八カ所が広く知られています。この内、西国三十三カ所巡礼は平安末期には定着し、さらに室町時代末には一般大衆も参加するようになりました。三十三霊場は一番札所が熊野那智の青岸《せいがん》渡寺《とじ》で、最後が美濃の谷汲山華厳寺となっており、東国からの旅人が伊勢参りに続いて巡りやすいように設定されています。紀伊・河内・摂津・丹波方面から近江・美濃方面までの10カ国にわたる西国の巡礼ですが、東国からの参加者が多く、東海道を上り伊勢経由で巡礼しました。

その姿は広重東海道の行書版・水口宿で紹介されています。

〝都に憧れた〟京への旅

京は都であり、また唯一の「公家の街」で、この特別な街を訪れ自分の眼で見たいと考える人は大変多く、「京への旅」は江戸時代の人にとって憧れの旅でした。

都での生活・風習は江戸と異なることも多く、特に好奇心旺盛な江戸町民にとって、都を知りたい、一度でも良いから行ってみたいという京への憧れ・願望が徐々に高まりました。

江戸から京へは片道2週間、したがって少なくとも1カ月間連続で休める人しか行けませんが、伊勢参りを兼ね、神宮詣での形で出掛け、京まで足を伸ばすなど、色々な形で京へ行く人は増え続けます。

浮世絵などで京が紹介されればされるほど、旅ブームが大きくなり、噂が噂を呼ぶ形で京までの旅は定着してゆきます。この京への憧れは戦後になっても続き、現在も最大の観光地です。

2 難所越え

海越え（海上渡船）

主要街道のうち、唯一海を渡るのは東海道で、舞坂宿～新居宿間の「今切の渡《わたし》」と熱田宿～桑名宿間の「宮の渡（七里の渡）」の2カ所です。

「川越し」と違って汐の干満、高波、強風など自然の力が大きく影響する海上の旅は如何ともし難く、天候まかせの旅でした。

欠航に至らなくとも、海が荒れれば船酔いは避けられず、浜名湖北の本坂道（姫街道）や伊勢湾沿いの佐屋路利用が多かったのも海上渡船の回避が主要因でした。

❖今切の渡

永正7（1510）年の震災で浜名湖南部が決壊し、

「東海道五十三次　桑名」歌川広重　[川崎・砂子の里資料館蔵]

舞坂～新居間は「今切の渡」として渡船となりましたが、川と異なり、また距離も1里半に及ぶことから、帆船でした。

家康は慶長６（１６０１）年正月の東海道における伝馬制開始に際し、新居宿には「新船役免許状」を下付し、船の新造に当たっては諸役を免除し、渡船業務に力を入れるよう促しています。一方、舞坂宿には支援的立場に止めています。

朱印状及び証文を所持する旅人は無賃でしたが、そのほかは大名といえども有料です。渡しに携わる乗り手は３６０人、船１２０艘と決めており、これを12組に分け連日二組が担当しました。各組は一人の船頭頭、二人の添頭を含め30人の渡船役人で構成され、1艘に付き３人ずつ乗り込み、その任に当たりました。

宮の渡跡の常夜燈

❖東海道における海上渡し

・一里の渡（実際は1里半）　舞坂～新居
・七里の渡　熱田（宮）～桑名
・十里の渡（短期間で廃止）　熱田（宮）～四日市

なお、東海道ではこのほかに「三里の渡」と呼ばれる渡がありました。これは佐屋路の佐屋宿と東海道桑名宿間にあった渡船ですが、佐屋川と木曽三川を横断する川の渡しで、海上渡船ではありません。

七里の渡は風力・風向きによっては相当な時間を要することから、最終便は午後4時頃の出航で、これに間に合わない旅人のため、天保14（１８４３）年の旅籠数は熱田宿２４８軒、桑名宿１２０軒と極めて多く、五街道でもほかに類を見ない数でした。

十里の渡は一時利用者が増えましたが、桑名宿の反対活動により短期間で廃止となりました。

川越し

いずれの街道にも難所があり、中山道では「木曾の桟《かけはし》、太田の渡、碓氷《うすい》の峠が無くば良い」などと詠われましたが、東海道では難所として「箱根八里は馬でも越すが、越すに越されぬ大井川」といわれたように大井川が最大の難所でした。

輦台を使える身分ならともかく、川越し人足の肩車に乗って渡る旅人や、長い竿に数名一緒につかまって渡らざるを得ない旅人は、人足が石にでもつまずけば濁流に呑まれるリスクもあり、増水時は生きた心地はしなかったようです。そのため大井川を前にし、嶋田宿では多くの旅人が大井神社で安全祈願してから大井川に向かいました。さらに増水による川留めが続くと宿泊費も膨らみ、その意味でも川越しが旅の最大の難題です。

また、旅人用の舟と馬運搬用の舟が区分された渡では、安全上、馬舟は若干の増水でも川留めとなり、足止め期間の長期化を余儀なくされます。

さらに海が荒れれば危険性は一層増すことになり、海上渡船や川越しは東海道最大の難所でした。

京までの53次では「東海道13渡」などと呼ばれ海上渡船のほか、11カ所の川越しがありました。海、川とも天候に左右される渡しで、旅人は時には長期間の足止めを余儀なくされました。

なお、大坂までの57次では牧方宿近くの天の川には架橋されておらず、川越しが必要で、紀州徳川家が通る時には臨時に架橋しました。

渡船も徒歩渡りも幕府の指導に基づき、地元が管理しながら収入確保を図りましたが、さらに旅人の監視も行っています。

川越しでは川ごとに「川留〔め〕（川止〔め〕）・川明〔き〕（川明〔け〕）」の水深が決められ、台風などでは数日にわたる川留めも珍しくありません。その際、宿内に旅人が溢れるため、やむを得ず間の宿での宿泊も黙認されました。

なお、営業的には、増水する水量に合わせ、川札値段を上げて増収を図ります。

東海道の川で架橋されず、徒歩渡りも困難なため渡船による川越しを余儀なくされた箇所が5カ所あり、その中でも富士川は最も急流といわれ、天竜川と並ん

「大井川輦台渡之図」歌川広重　［島田市博物館蔵］

で神経を使う渡船でした。

富士川渡船は当初、東岸の川成島《かわなりじま》が請け負っていましたが、慶長7（1602）年、渡船役は西岸の岩淵村へ移されます。これに伴い、東岸から岩淵村に移住する者もあり、岩淵村が渡船の中心として明治4（1871）年の渡船廃止まで深くかかわりました。

しかしながら、通行量が増加するに伴い、岩淵村だけでは困難を極め、寛永10（1633）年東岸の岩本村に3分の1役を与え、分役として一緒に渡船業務を担ったのです。江戸初期に東西両岸とも3カ所ずつの渡船場が決められ、水量などを考慮して、適宜いずれかを使用して渡船業務が遂行されました。

東岸の渡船場は上船居《かみふない》、中《なか》船居、下《しも》船居と呼ばれるようになり、水神を祀る森付近の下船居が通常使用されました。

富士川の川留と川明

富士川は1月から9月までを「夏川」と呼び、常水を8尺とし、水深が1丈に達すると馬の船越しを中止し、さらに1丈1尺になると旅人の渡船も止め完全な

台札　［島田市博物館蔵］

川留としました。水深が1丈までに下がると旅人の船越えを再開し、8尺まで減水すると完全に川明とし馬の船越えも再開しました。10月から12月までは冬川と呼び、水深6尺を常水とし、8尺で馬の船越えを中止、9尺で完全に川留とし、川明は8尺と決めています。

川の留明は当初代官所の出張役所が置かれたので、役人の判断でしたが、弘化元（1844）年に同出張所が廃止されると、岩淵村と岩本村の渡船名主が決めることになり、長さ1丈4尺に及ぶ長大竹竿を使って水深を計測していました。

川留になると旅費も嵩むため、義務付けられた渡船を回避し、「廻り越し」をする者も出現しました。

❖主な川越し

（渡船）
六郷《ろくごう》川、馬入《ばにゅう》川、富士川、天竜川、横田川
（徒歩渡り）
酒匂《さかわ》川、興津川、安倍川、瀬戸川、大井川、草津川

なお、江戸時代の渡しが現在も中山道では運行されています。河渡宿《ごうどじゅく》付近の裏街道の渡として活躍した「小紅《おべに》の渡」で、岐阜市の手で長良川の横断に使われています。

峠越え

東海道では箱根峠、鈴鹿峠、小夜ノ中山峠が三大峠といわれ、草鞋の旅人にとっても、駕籠を担ぐ人足にも、また馬にも厳しい道でした。家康が宿駅伝馬制を開始した慶長6（1601）年には箱根路には宿駅を置かなかったため、小田原宿から三嶋宿までの8里は宿泊なしの旅を余儀なくされました。17年遅れて箱根

宿が設置されると、本陣、旅籠屋など宿泊施設が次々に置かれ、宿泊所率（全戸数に対する宿泊施設の割合）は東海道で最高の40パーセント強に達し、天保14年の本陣数６も東海道で最大です。また宿泊所率２位も鈴鹿峠麓の坂下宿であり、峠越えが旅人にとって難所であったことを物語ります。

幕府は旅人が歩きやすいよう、慶長9年に坂道に竹を敷かせましたが、短期間で使えなくなることから、延宝８（１６８０）年に坂道には石畳を敷くよう命じました。

ぬかるんだ坂道が歩き難いことから石畳としたもので、現在も石畳が残るのは箱根や小夜ノ中山近くの菊川の坂であり、いずれも峠周辺です。雨天時にぬかるんだ峠道を通ることが大変難しかったことを示します。

関所

関所の設置目的は時代により異なり、不破《ふわ》・愛発《あらち》・鈴鹿が三関と呼ばれた古代の関所は軍事的・警察的機能を目的に設置されました。時代が下ると、北陸にあった愛発関は東海道の逢坂関にとって代わられます。

中世になると、交通路や交通施設維持のため通行税や津料（湊に停泊する船もしくは積荷に対する税）を徴収する経済的関所が設置され、戦国時代には関所を国境に置き、物流に課税しながら人の出入りを監視しました。

経済的関所は物価高騰につながるため、織田信長・豊臣秀吉は関所を廃止し、軍事的・警察的関所は国境に置いたままとしました。

徳川家康は天正18（１５９０）年江戸に入府すると、関東周辺に、また関ヶ原の戦が近づくと近畿から越後方面にかけても軍事的機能を持つ関所を設置しました。当時の東海道であった足柄路の矢倉沢や中山道・碓氷《うすい》にも置いています。

関ヶ原に勝利すると豊臣系の反乱・関東侵入を防ぐ目的で関所を設置しており、外様大名・浪人などの動きを見ながら臨時に関所番を置く程度で、勤番体制はとっていません。

大坂夏の陣で豊臣家を滅ぼすと関所の目的も変化し、一般町民の人改めを目的としました。関所番を常時置き、勤番体制をとり、さらに脇往還も含め関所網充実

新居関所

を進めます。

江戸時代には平均して50あまりの関所が置かれ、その中でも重要な関所は東海道の箱根・新居（今切）と中山道の福島・碓氷の４カ所です。

新居関所は慶長５（１６００）年に設置され、元禄15（１７０２）年までの約１００年は幕府直轄の関所として、以後明治２（１８６９）年の廃止までは吉田藩が管理し、「鉄砲改め」「女改め」を中心に重要な役割を果たしました。

近世の関所は「鉄砲と女性」を調べる常設機関として位置づけられ、関所手形が重視されました。寛文元（１６６１）年には女手形の書式も定められ、女性は一層旅に出づらい状況となりました。

❖関所手形

関所通行に必要な許可証的なものが関所手形で、証文または切手とも呼ばれます。

男性が持参する町民手形の形式は簡単で、旅人名さえ記載が義務付けられていません。住民票の無い時代ですから名前を確認する術がなく、行先・目的・人数・

発行日・提出する関所名が記載され、権限ある発行人が署名捺印すれば、挙動不審が無い限り、疑われることはありません。また同行者があればその人数を記載すれば1枚の手形で一緒に通行可能でした。

一方、女手形は比較的詳しい記載が求められました。江戸に人質の形で居住する大名の奥方達が逃亡するのを防ぐためで、女性には厳しい取り調べが行われたのです。それを回避するため男性に較べ目的などを詳しく記載したので、誰々の娘・○○というように丁寧に記載するのが一般的でした。身体検査も有り得たので、ほくろの位置まで詳細に記載した手形もあります。

そのため女手形に義務付けられたのは同行人数・乗り物の有無とその数・出発日と目的地のほか、「女、小女、髪切、比丘尼《びくに》、尼、禅尼《ぜんに》」などの区別も記載が義務付けられました。

また女手形の発行者は極めて限定された人となっており、手形入手そのものが大変なことでした。

❖関所で駕籠だけ通した駐日領事ハリス

米国の初代駐日領事タウンゼント・ハリスは下田から江戸に向かう際、箱根関所で役人から関所手続きを迫られました。しかしハリスは外交特権を持ち出し、取り調べを拒み続け大騒動になったことがあります。中に入った下田奉行が困り果て、最後に出した知恵が、「駕籠だけ関所を通すこととし、ハリスは関所の取り調べは一切受けない」という妥協案。両者この妙案でその場をおさめたという逸話が残されています。

鎖国状態が続き、外交特権について何の知識もない関所役人と外交官とのかみ合わないやり取りも、下田奉行の気の利いたアイデアで事なきを得ましたが、横浜開港後はこのような笑い話では済まないトラブルが多発しています。

❖江戸時代の主要関所

①箱根関所

宿駅伝馬制開始後、18年遅れの元和5（1619）年に2代将軍秀忠が開設。小田原藩が管理を代行しました。関所建屋は平成になり、改めて再現されたもので重厚さはありませんが、往時の記録に基づき正確な復元を目指した関所建屋です。

②新居関所

唯一現存する江戸時代（安政期）の関所建屋で、江戸後期は吉田藩が管理を代行しています。安政地震で倒壊したものの、その直後に再建された関所で、広々とした関所前庭や渡船場跡も残り、資料館も設けられ見学価値の高い遺構です。

③気賀《きが》関所（脇往還本坂道の気賀宿）

元の関所近くに建屋等を再現し、関所業務などを解説しています（江戸期建築が一部現存、非公開）。取り調べの様子だけでなく、木組みの牢屋まで再現して関所全体を解説します。また姫街道を利用した8代将軍吉宗の実母・浄円院の旅などの解説もあります。

関所では、以下のような手形が使われました。

（釈文）　指上ヶ申一札之事
一　此者壱人遠州金谷迄指遣シ申候
御関所無相違御通シ被為遊可被下候
為後日一札仍而如件

相州藤沢宿家持
源蔵　墨印
安永六年
酉二月二五日
箱根
御番所御役人衆中様

箱根関所宛の関所手形（安永６年）［東海道町民生活歴史館蔵］

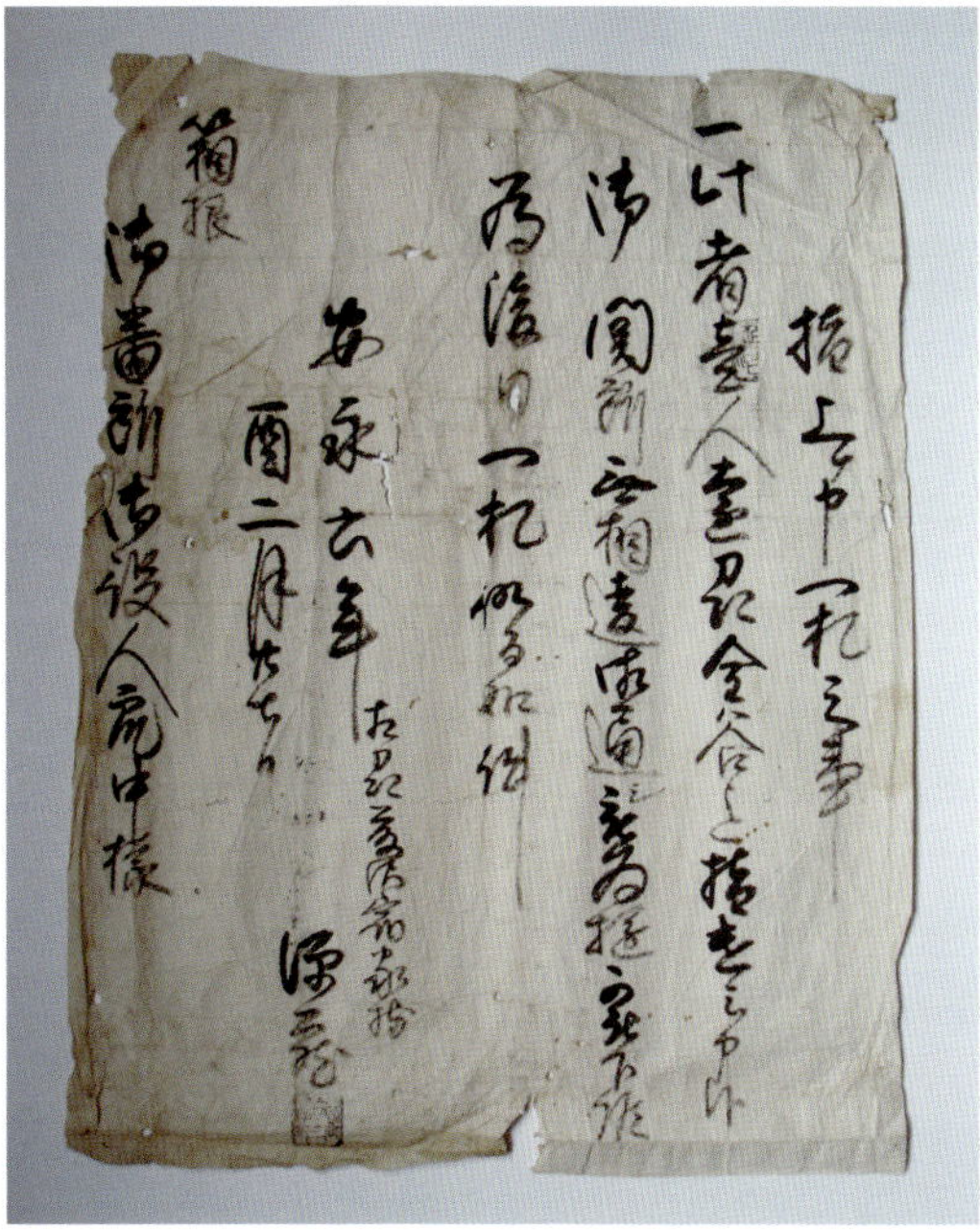

（読み下し文）　差上げ申す一札の事
一　この者一人遠州金谷まで差しつかわし申し候
御関所　相違なく　お通し遊ばされ下さるべく候
後日のため一札　よって件の如し
安永六年　とり　二月二七日

3 旅の準備

旅衣装と荷物

❖旅衣装（身に着けるもの）

道中着、腹掛け（どんぶり）股引《ももひき》、
下着、下帯、手甲《てこう》、脚絆《きゃはん》、足袋、手ぬぐい、
菅笠、草鞋《わらじ》、振分荷物

旅姿は季節・目的地によっても異なりますが、一般的には写真のような出で立ちで、手には手甲を、脚には股引の上に脚絆をはめ、頭には菅笠をかぶり、草鞋ばきでした。

雨天になれば合羽を被り、荷物は紐で結んだ二つの旅行李《たびごうり》を肩から前後に振分けて歩きました。でこぼこ道を歩きますので、草鞋は3日に1度履き換える旅ですが、馬も草鞋沓を交換する必要があり、手間のかかる道中です。

夕刻旅籠に着くと水洗いして朝までに乾かす方法で、替え衣は最低限に止めました。日差しや雨除けのため、笠はかぶり続けます。

巡礼者は手甲・脚絆に白装束姿で、その上には笈摺《おいずり》（笈を背負う時に着物の擦れを防ぐ単衣《ひとえ》の衣）を着けました。頭には菅笠をかぶり、手には金剛杖を持つのが一般的です。金剛杖は弘法大師の分身を意味し、巡礼中の身の安全を守るといわれます。

携行品

現金、往来手形（通行手形）・関所手形、着替え衣装、手ぬぐい、鼻紙、早道《はやみち》、矢立《やたて》、道中案内、日記帳、火打ち道具、針・糸、印判、磁石、枕、合羽、綱、薬・印籠、巾着、煙草道具、脇差、など。

江戸時代の旅衣装　[豊橋二川宿本陣資料館]

❖早道

財布のこと。旅に出るには相当の金が必要になるため、しっかりした財布に入れるのが、一般的です。江戸時代の貨幣は金・銀・銅貨が中心で、紙幣は使用が地域的に限定される藩札ですので、遠距離の旅には役立ちません。極力、高額通貨に両替し、貨幣総数を減らし重量を軽くしました。落とさないよう、また盗まれないよう一朱銀などは脇差なども活用し、隠し入れて運ぶこともありました。

❖脇差

武士以外でも旅に出る際は脇差を身に付けることが認められており、万一雲助《くもすけ》などから脅かされる際に、身を守るために持参しました。また、臨機応変に鋏や小刀代りに使います。小枝の先を削って箸を作ることなどは誰でも行なうことでした。

❖矢立

旅日記やちょっとした書きつけをするには筆と墨が必要で、これらを入れたものが矢立です。そもそもは戦場で討ち取った敵の首について記す「首帳《くびちょう》」をつけるのに用いたといわれ、古くからの筆記用具です。江戸時代初期から広く普及し、戸外で書きつける必要がある商人・職人・旅人などに頼られました。形状もいろいろあり、紙を切れるよう小刀をセットしたものや護身用に鋭い刃を隠し入れていたものもありました。

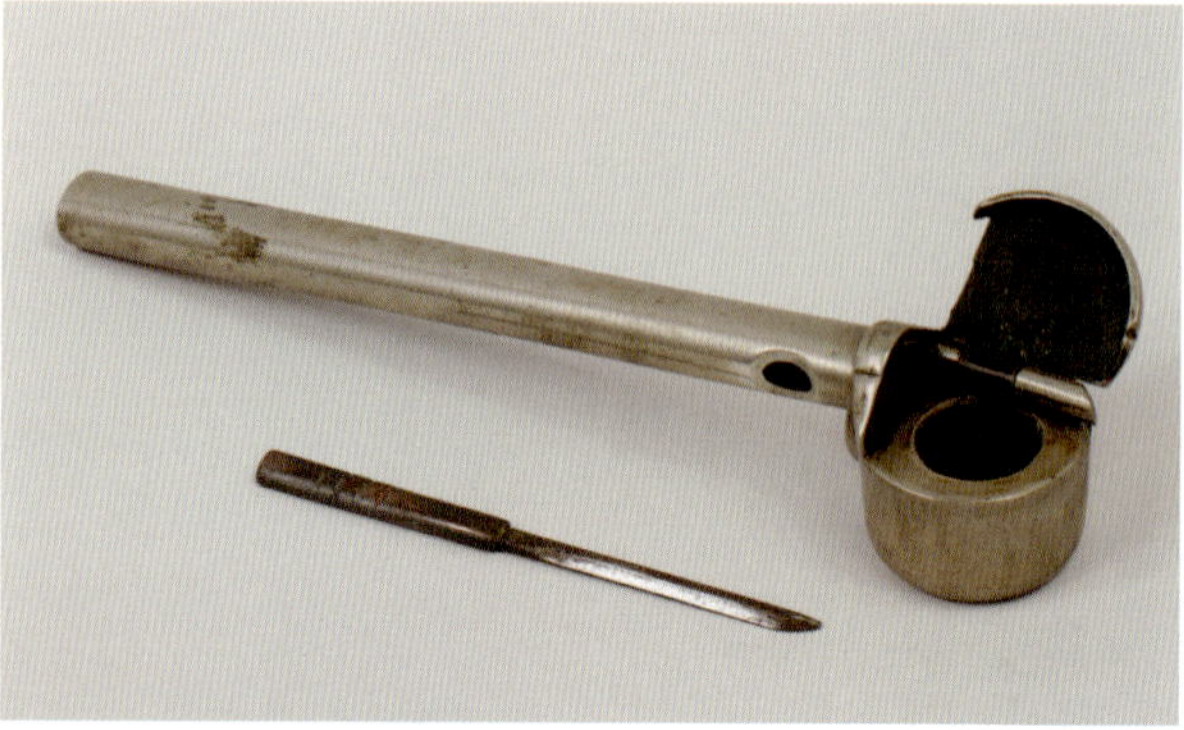

上・折り畳み旅枕　［島田市博物館蔵］
中・洋白一体型矢立　［島田市博物館蔵］
下・早道　［島田市博物館蔵］

1日の旅行距離と東海道旅日数

江戸時代の成人男子は一日に平均10里（約40キロメートル）を踏破し、江戸から京まで126里、大坂まで137里は約2週間（12～15日）の旅でした。女性はその8割で、1日8里・30キロメートル強のペースです。

ただし、台風などで川留になれば2～3日は余計にかけざるを得ません。極端な例では、大井川が連続29日の川留を記録しています。

そのこともあり、夏の東海道は敬遠されがちで「夏の中山道、冬の東海道」といわれ、どちらでも良い場合には川留の可能性が小さく、木陰の多い中山道が好まれました。一方、和田峠付近では春の訪れも遅く、晩秋から早春までは厳しい旅路です。5月でも雪が降ることがあり、しかも和田宿～下諏訪宿間は5里以上あります。ほとんど民家が無く補給が困難で、冬場の中山道は、旅人はほとんどない状況でした。

宿駅間距離（最短、最長、並びに平均距離）

巻末の付表（164～165ページ）を参照下さい。

最短区間　御油宿～赤坂宿　16町　約1・6キロメートル
最長区間　熱田宿～桑名宿　7里　約28キロメートル
平均　2・3里　約9・2キロメートル

旅費用

旅関連の出費で主なものとして、次のようなものが考えられます（費用は江戸後期の例）。

旅籠宿泊料（1泊2食付）	100～300文
昼食代	50～100文
柿	3～12文
さつまいも	3～9文
栗	2文
くさもち	9文
みかん	4文
茶代	4～16文
酒代	10～30文

草鞋　10~16文
駕籠《かご》代（1里あたり）　１００文
月代《さかやき》　30文
渡船料金（富士川、天保14年）　24文
川札《かわふだ》（川越し料金）（大井川）　48文~94文
伝馬人足（蒲原~吉原宿、天保14年12月の御定賃銭《おさだめちんせん》）　１１５文

日々必要なものや、3日に1度程度というものもあります。川越しに必要な川札料金は水量次第です。伝馬料金は一般人ならば相対料金になり、公定料金より割高となります。

このような事情ですので、天候等により、また旅人により旅費用はかなりの幅があり一概にいくらと判断するのは難しいことです。しかし、前記のような料金や旅日記などを参考にすれば、1日平均４００文と仮定しても良いと思われます。

そこで、1日４００文で旅することを前提に、日本橋~大坂間15日程度で計算すると、片道６０００文（1両2分）、往復1万２０００文となります（往復3両）。

なお、現在価格に換算するとどれくらいかと尋ねられることが多いのですが、これはさらに難しい質問です。換算するのに、大工日当、米価あるいはこれらをミックスさせるなどの方法で違いがあり、単純に比較できません。また江戸時代の貨幣単位である、「文」もその価値が一定ではなく、幕末に近づくほど急激に下落しています。専門家によって換算率にかなりの隔たりが見られ、大雑把に言って1文10円から30円の開きがあります。ここでは中間の20円とすれば、片道６０００文×20円で、12万円と見ることができます（あくまでも中間的換算率を使用したラフな計算ですので、目安程度に考えて下さい）。

通貨の種類と運び方

江戸時代の日々の生活は、寛永通宝を中心とする一文銭が中心ですが、旅に出るときは嵩張らないよう高額通貨に両替します。

高額通貨は一両小判・一分金などです。

1両＝4分
1分＝4朱
1朱＝250文

したがって1両＝4000文となり、往復3両とすれば、一両小判3枚で済みます。

全て高額通貨に両替しても、出費に伴い釣り銭で200文前後の小銭は持たざるを得なくなります。旅には、日ごろの布製巾着でなく、革製の早道に入れたり、安全面から服に縫い付けたりして運びました（盗難防止に服の襟、紐、褌などに縫い付ける者もあり、また一分金（銀）、一朱金（銀）などの高額通貨を隠し入れる脇差、矢立などもありました。いずれにせよ、苦労しながらの旅でした）。

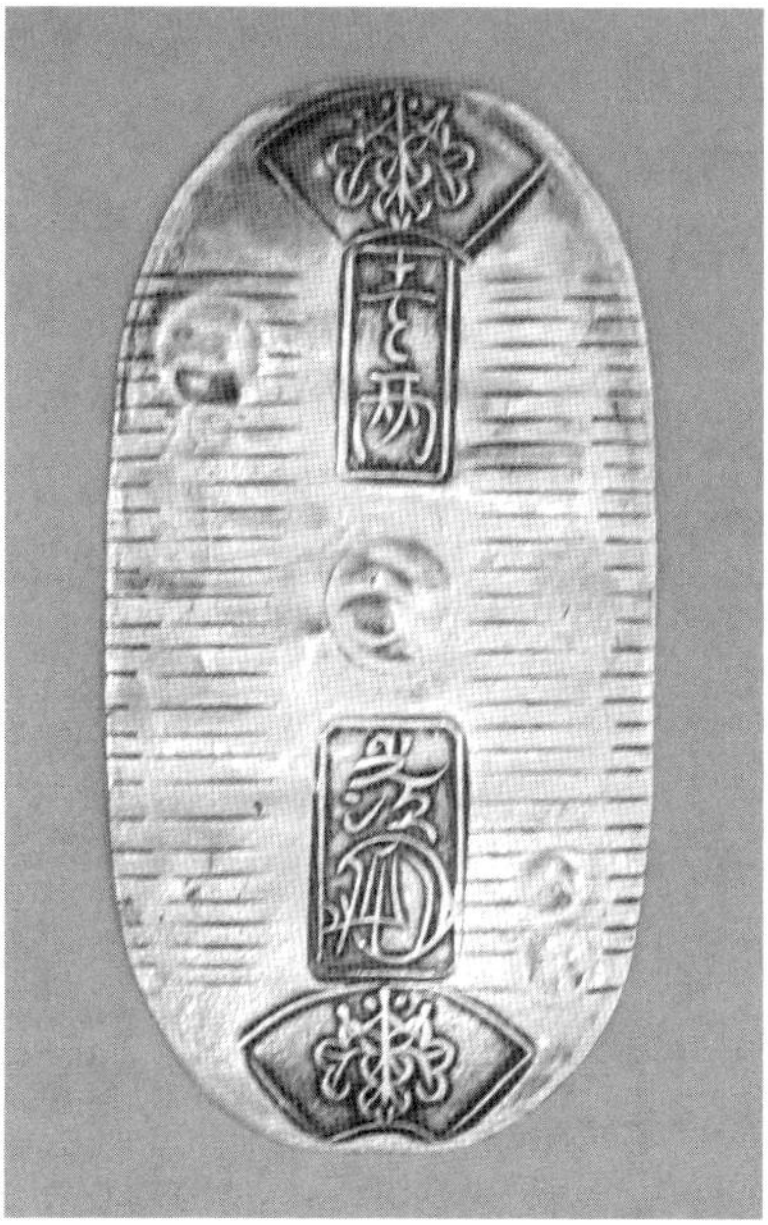

一両小判

旅先での「蚤《のみ》除け方法」

殺虫剤の無い時代は蚤、シラミ等あらゆる虫に悩まされました。特に旅籠屋で雑魚寝《ざこね》する状況では、一晩中蚤に悩まされ続けることになりかねません。そこで当時の旅案内などには蚤除けが紹介されましたが、一般的には次の4点がよく知られていました。

・野山に自生している苦参《くじん》という草を生のまま布団の下に置く
・からたちの実を抱いて寝る
・からたちの実を煎じて、これに下着を漬け干してから着る
・蓼《たで》の葉を乾かして、床の下へ敷く

このように江戸時代の旅は小さな振分荷物に関所手

形から火打石まで入れ、途中では蚤除けの野草まで探しながらの道中でした。天候によっては氷のように冷たくなった草鞋、足袋のまま深い雪道を歩くことも、あるいは雲助におどかされながら山中を逃げ回ることも。

　戸塚宿の近くに「投げ込み塚」と呼ばれ、無縁仏を弔う墓石が置かれた塚がありますが、このように行き倒れになる旅人も少なくありません。先人たちの苦難の道が今日の旅や生活につながっていることを忘れずに、往時の宿駅や街道を訪ねてみてはいかがでしょうか。

街道コラム▶4

往来手形（往来切手）

　旅人は関所に提出する手形以外にも、菩提寺の住職などに作成依頼した「往来手形」と呼ばれる一種の身分証明書を持参し、万一に備えました。行き倒れになった際の連絡など、身元を明かす必要がある時に役立たせるもので、どこかに提出するものではありません。また幕府設置の関所以外にも各藩が不審者を調べることもあり長距離の旅には往来手形は欠かせないものでした。

第5章

コースガイド「見どころ案内」

第4章までに、江戸時代の東海道について、宿駅伝馬制の使命・内容などについて触れ、また街道で展開された出来事の一部をご紹介しました。

東海道は江戸時代の遺構を訪ねられると同時に、遺構が無くても宿駅にまつわる色々なことを知ることができ、楽しく、まさに「学ぶ街道」であることが、分かっていただけたかと思います。機会があれば1年に2、3回でも、街道歩きに出掛けられ、「歩いて足腰の健康に、学んで頭の健康」に磨きをかけ、真の健康体を保っていただければ、うれしいことです。

川崎宿では制定４００年となる２０２３年を目指し準備が進められており、お店のシャッターにまで「２０２３年活動」が描かれています。江戸時代の大火で全て焼失した川崎宿でも、新しい形で宿場を活用する街づくりが始まっています。宿場内に新設された「かわさき宿交流館」では定期的に街道についての講演会も開催され、宿場への訪問客が急増しているそうです。

宿場歩きをすると、思いもよらぬ発見もあり、嬉しくなることがあります。特に東海道では多くの宿場町に資料館ないし準資料館がありますので、たとえ20分でも訪れることをお勧めします。一つや二つは知ってよかったと思うことが必ずあるはずです。なお、平地で歩きやすくても最初は1日に数キロメートル以内の散策に抑えるのが、良いと思います。また適当に鉄道・バスを乗り継いだり、タクシーを利用するのも一案です。江戸時代の旅人も馬や駕籠を利用することもありました。疲労度や天候・帰宅に要する時間等々を考慮し、柔軟に旅するのが長続きするコツです。

ご紹介する12コースは比較的見どころもあり勉強にもなるコースです。紙幅の関係で個々について十分な説明ができませんが、光の当て方によっては沿線にはまだまだ見どころがあると思います。

なお、東海道で国が指定した、

〔重要伝統的建造物群保存地区〕

＊関宿

〔歴史国道〕

＊「間の宿・岩淵～蒲原宿～由比宿」（静岡県）

＊「藤川宿」（愛知県）

＊「関宿」（三重県）

はこの12コースに入れてあります。

地図の中の点線は旧東海道（幕末）を示し、白ヌキの番号は、「見どころ案内」でご紹介しています。

では想像力を膨らませて、歴史の道・東海道を歩いてみましょう。

日本橋…▶品川宿

【コース距離＝全7・8キロ】

日本橋 ◀7・8キロ 品川宿

❶東海道のスタート地点、日本橋

日本橋は五街道の始まり。橋の中心にある日本国道路元標は、国内道路の起点です。そこから銀座、新橋へと続く中央通りは、今ではオフィスビルやデパートなどが建ち並ぶ幅広い道路ですが、往時は草鞋履きの旅人や荷を運ぶ馬などが行交う細い道でした。銀座2丁目に「銀座発祥の地」碑が置かれています。慶長17（1612）年、それまで駿河府中宿にあった銀座役所がこの地に移転し、江戸での銀貨鋳造開始を伝えています。

新橋駅手前で東海道を離れ左に進むと、樹木の茂る一角が浜離宮恩賜庭園。元は将軍の城外屋敷で鷹狩等に使用されました。

東海道（第1京浜国道）に戻り、大門駅交差点を左折すると旧芝離宮恩賜庭園（紀州徳川家芝屋敷跡）、右折し日比谷通りに

❻浜離宮恩賜庭園

❷日本橋の袂にある日本国道路元標（複製）。
本物は橋の中央に埋め込んである

行けば将軍家の菩提寺・増上寺です。徳川家康の葬儀も行った、徳川家にとって重要な寺院でした。２代将軍秀忠を含む６将軍と皇女和宮ら５人の正室が眠る御霊屋もあり、威容を誇る三解脱門は戦災を免れた国指定重要文化財です。

第１京浜をさらに進み、高札場のあった札の辻交差点を越えると、江戸府内への出入口であった高輪大木戸の石垣があり、「大木戸までが江戸の内」といわれた場所です。

高台になっている「八山」を過ぎると、日本橋から最初の人馬継立場・品川宿です。道幅の狭い商店街が続き、品川寺《ほんせんじ》など歴史ある寺院や本陣跡などが点在し、わずかですが宿駅の趣きを感じます。

日本橋から品川宿に至る道には江戸時代から続く寺院などもあり、東海道の歴史や文化を振り返るには手頃な区間です。ほとんど平坦で、いつでも鉄道・タクシーに切り替えやすく、初心者に適しています。

⑫高輪大木戸は街道の海側が現存

⑦初夏は旧芝離宮恩賜庭園の藤棚が見ごろ

⑬泉岳寺に眠る赤穂浪士たちの墓

⑧東京タワーと増上寺

豆知識

銀座役所跡

銀貨鋳造のため、家康は慶長6（1601）年に京都・伏見に銀座役所を設けました。その後幕府は駿河・府中宿にも銀座役所を設け、慶長17年に駿府の銀座役所を江戸に移します。その場所が現在の銀座2丁目周辺で、一分銀、一朱銀などの銀貨鋳造が行われました。なお全国的には伏見、駿府、京に続く4番目の銀座役所でした。一分銀は一朱銀4枚に相当し、1朱は250文で、1分は1000文の価値がある高額貨幣でした。

参考データ

日本橋▶JR東京駅、東京メトロ日本橋駅下車
中央区観光協会 ☎03(6228)7907
品川▶京浜急行北品川駅下車
しながわ観光協会
☎03(5743)7642
※アクセスは主要駅のみ掲載(以下同)

見どころ案内

❶日本橋　家康が定めた五街道の起点。麒麟像が配された現在の石造2連アーチ道路橋は国指定重要文化財。

❷日本国道路元標　現在も国道の基点である日本橋の中央には、道路元標が設置されています。

❸江戸歌舞伎発祥の地碑　初代中村勘三郎が寛永元（１６２４）年に櫓をあげた場所。

❹銀座発祥の地碑　ブランドショップが建ち並ぶ中央通りに建つ碑。江戸銀座開設の歴史を伝えています。

❺旧新橋停車場　鉄道歴史展示室　日本初の鉄道駅「新橋停車場」の駅舎を再現した鉄道ミュージアム。

❻浜離宮恩賜庭園　海水の満ち引きを利用した「潮入の池」と二つの鴨場をもつ、もと甲斐徳川家の庭園。

❼旧芝離宮恩賜庭園　江戸初期の大名庭園。池を中心に勇壮な石組が施され、東京を代表する名勝の一つ。

❽増上寺　明徳4（１３９３）年に武蔵野国貝塚（現千代田区）に念仏伝法道場として創建され、のちに現在地に移転。徳川家の菩提寺です。

❾芝大神宮　平安時代創建。徳川家の庇護もあり、「関東のお伊勢さん」として庶民から慕われてきました。

❿愛宕神社　江戸幕府を開くにあたり防火の守り神として愛宕山頂に創建された神社。春は花見客で賑わいます。

⓫三田薩摩藩邸跡　西郷隆盛と勝海舟が「江戸城無血開城」をめぐって話し合った場所の一つ。

⓬高輪大木戸跡　江戸の主要出入口4カ所は、大木戸で開閉されていた。現在は高輪大木戸の海側石垣だけが残ります。

⓭泉岳寺　家康が今川義元の孫である門庵宗関和尚を拝請して創建。赤穂四十七士の墓があります。

⓮品川宿交流館　品川宿周辺を訪れる人への観光案内兼休憩スペース。

⓮品川宿交流館で一休み

川崎宿⋯▶神奈川宿

【コース距離＝全9・7キロ】

川崎宿 ◀9・7キロ 神奈川宿

❶多摩川　六郷水門付近

東海道は多摩川（旧六郷川）を越えると、第1京浜国道と別れ川崎宿に入ります。

このあたりは旧東海道と刻まれた石柱や本陣・寺院などの解説板が数多く建てられ、散策が楽しい街道です。宿中央に開設されている川崎・砂子の里資料館は、浮世絵を通じて街道文化を伝え、江戸時代の宿駅や生活・文化を理解するには絶好の施設。そのすぐ近くにある「東海道かわさき宿交流館」は4階建ての展示館で講演会場も備え、東海道でも指折りの文化観光拠点です。

川崎には、家康も重視した川崎大師・平間寺があり、川崎宿の東入口付近から大師までの道には「万年」を始め多くの茶屋が連なり「万年横丁」と呼ばれ繁盛しました。平間寺は旧東海道からは外れていますが、一度は訪れたい場所です。

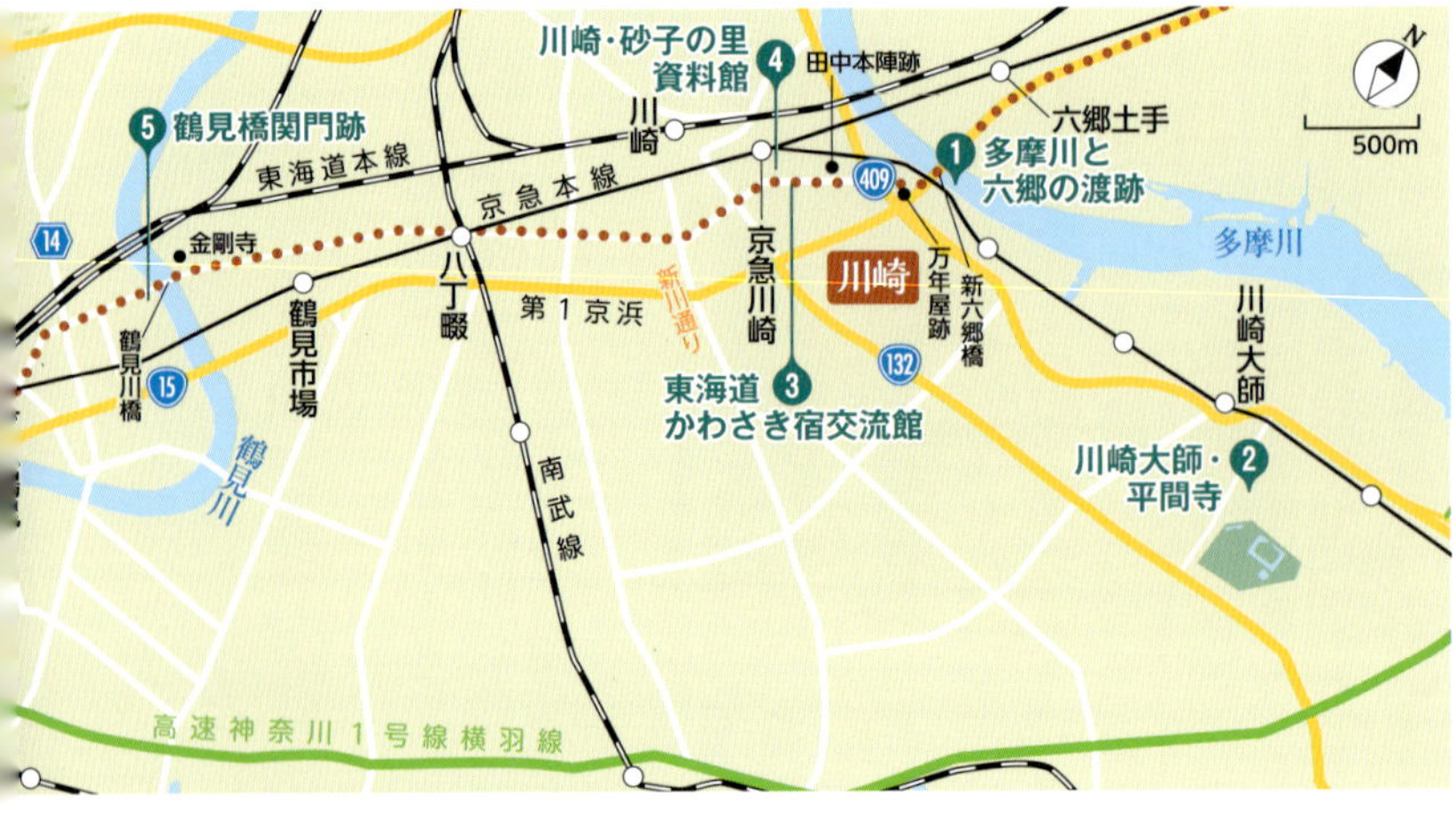

❹浮世絵を多く収蔵する川崎・砂子の里資料館

❷徳川家も重視した川崎大師・平間寺

次の神奈川宿までは平坦な道が続きます。鶴見は横浜開港当時、見張番所や関門が置かれたところ。その先の生麦には、文久2（1862）年、島津久光の行列を横切ったイギリス人に薩摩藩士が斬りつけた生麦事件の碑があり、外国人との衝突が多かったことを物語ります。

JR東神奈川駅付近から神奈川駅方面にかけては外国領事館などに使われた寺院などが現存し、国際化した往時の雰囲気を想像しながら歩くことになります。

広重の「東海道五十三次」に描かれた神奈川宿「台《だい》の景《けい》」（現・横浜市神奈川区台町）は海岸沿いの街道でしたが、その後埋め立てと開発が進み、今は海岸線は遥か彼方となりました。

横浜は中華街や高層ビル群の建ち並ぶ近代的な地区と、東海道周辺に残る歴史的地区が併存する都市で、双方を楽しむ散策も可能です。

にぎやかな横浜中華街

❽成仏寺。
アメリカ宣教師宿舎として使われ、ヘボンが居住した

「東海道五十三次　川崎　六郷渡舟」　川崎・砂子の里資料館蔵

豆知識

六郷渡舟

川崎宿の江戸寄りを流れる六郷川（現多摩川）は、江戸初期には架橋されていましたが、増水による度々の橋梁流出により、幕府は元禄元年には架橋を断念しました。この川は水深があるため、渡船による川越しとなり、川会所が置かれ渡船の管理がなされました。その状況は広重の浮世絵にも描かれています。管理業務について当初は川崎宿が関わることができませんでしたが、宿側の熱心な要望により、その後川崎宿が担当することになりました。

参考データ

川崎▶JR・京浜急行川崎駅下車
　川崎市観光協会　☎044(544)8229
神奈川▶京浜急行神奈川新町駅または
　JR東神奈川駅下車
　横浜観光コンベンション・ビューロー
　☎045(221)2111

見どころ案内

❶多摩川と六郷の渡跡　多摩川下流域は、江戸時代は六郷川と呼ばれた関東有数の河川。増水が多く橋が流出してしまうため、渡船となりました。その渡場跡です。

❷川崎大師・平間寺　徳川将軍4代にわたる「お大師様への厄除参詣」が江戸庶民の大師詣を盛んにしました。今も昔も人気の寺院です。

❸東海道かわさき宿交流館　川崎宿に関する歴史・文化についての展示を行う施設で、畳の休憩スペースもあります。

❹川崎・砂子の里資料館　斎藤文夫氏が収集した広重、北斎等著名な浮世絵師の作品を公開している浮世絵美術館。入場無料。

❺鶴見橋関門旧跡　外国人とのトラブル防止のため、横浜へ入る人を取り締まった関門跡。

❻生麦事件跡　文久2（1862）年、薩摩藩一行の前を英国人リチャードソンらが横切ったため、無礼と怒った薩摩藩士が斬りつけた事件で、後の薩英戦争の引きがねになりました。

❼高札場　往時の規模は間口約5メートル、高さ3・5メートルに及ぶ大きなもので、現在は神奈川地区センター前に再現されている。

❽成仏寺　鎌倉時代の創建。横浜開港後はアメリカ人宣教師の宿舎として使用され、和英辞典を編集したヘボンらが住み込みました。

❾慶運寺　開港後、フランス領事館として供用されました。

❿甚行寺　明暦2（1656）年に創建。こちらは開港当時、本堂がフランス公使館に充てられていました。

川崎大師の夏の風物詩・風鈴市

小田原宿…箱根宿…三嶋宿

【コース距離＝全31・2キロ】

小田原宿
◀16・5キロ
箱根宿
◀14・7キロ
三嶋宿

❷小田原城址公園に建つ小田原城

小田原は北条氏の城下町として繁栄した街で、次に箱根峠を控えていることから、宿泊客も多く賑やかでした。

難攻不落といわれた小田原城や旧東海道は小田原駅から近く、訪ねやすい街です。城郭の土塁や宿駅時代の江戸口見附（小田原宿の東方出入口）、再建された天守閣、町割りを解説する石柱などがあり、歴史散策がたっぷり楽しめます。街中には蒲鉾・梅干・木工品などの伝統産業を伝える「街かど博物館」が指定されており、小田原の街道文化を伝えます。

小田原を過ぎればいよいよ「天下の険《けん》」。箱根峠を越えることは旅人にとって大変に困難でした。少しでも容易にするように手配された石畳や杉並木がいまも保存され、東海道57次で最も雰囲気ある区間になって

❺北条氏の菩提寺・早雲寺

❷春は小田原城址公園の桜が美しい

います。

間《あい》の宿《しゅく》・畑の寄木細工は、複数種の木を寄せて麻葉などの伝統文様を作り出す箱根土産の定番で、山の恵みが豊かな箱根ならではの木工品です。

峠歩きの疲れを癒してくれるのは、中腹に佇む甘酒茶屋。400年以上続く杉皮葺きの老舗で、おいしい甘酒が味わえます。なおも続く坂を越え、林の中を歩いてゆくと、箱根関所が見えてきます。箱根では江戸から大名家族が逃げないよう、特に厳しく取り締まりが行われました。

箱根西坂にある間の宿・山中には、北条氏の防衛拠点・山中城の土塁等が公園として整備されており、山城構造を学ぶことが出来ます。さらに下れば伊豆から駿河路へ。富士湧水が流れる水の街・三嶋宿に到着です。伊豆国一の宮・三嶋大社が峠越えした旅人を迎えてくれます。

⑫日本最古の仮名暦を伝える三嶋暦師の館
写真提供：三島市役所商工観光課

⑥畑の寄木細工

芦ノ湖から望む富士は格別

⑦甘酒茶屋で一息

豆知識

箱根の杉並木と石畳

幕府は街道の通行が楽になるよう、街道脇に植樹し、強風と夏の強い日差しを遮るようにさせました。樹木は杉、松などが選定され、杉は高さ30メートルに成長し効果が大きいものの、地下水脈がある水の豊富な場所でないと育ちません。箱根は日光と同様、杉の適地で、現在も立派な並木が維持され見応えがあります。また、ぬかるんだ坂道は歩行困難になることから、当初は竹を敷かせました。しかし竹は1年しか効果が無いことから、その後石畳としています。

箱根旧街道
写真提供：箱根町

参考データ

小田原▶JR・小田原電鉄小田原駅下車
小田原市観光課 ☎0465(33)1521

箱根▶JR小田原駅から箱根町行きバスで「箱根関所跡」下車
箱根町総合観光案内所
☎0460(85)5700

三嶋▶JR・伊豆急行三島駅下車
三島市観光協会 ☎055(971)5000

見どころ案内

❶街かど博物館　小田原の歴史的産業を、今なお続く名店舗で展示などを通して伝えています。薬博物館、かまぼこ伝統館、かつおぶし博物館、梅万《うめよろず》資料館など19館。

❷小田原城　戦国時代から5代100年にわたり関東一円を治めた北条氏の拠点であった城。

❸報徳二宮神社　二宮尊徳を祀る神社。尊徳は小田原藩主大久保忠真に見出され、財政再建、産業振興に尽くしました。

❹小田原宿なりわい交流館　旧網問屋の建物を再整備した休憩所。

❺早雲寺　北条早雲の菩提寺。北条5代の墓碑等があります。

❻畑宿寄木会館　箱根の伝統木工・寄木細工を紹介する施設。

❾山中城跡の障子堀

❼甘酒茶屋　江戸時代から続く茶屋。甘酒や力餅、味噌おでんが味わえます。

❽箱根関所・資料館　芦ノ湖湖畔に復元された箱根関所。資料館には関所手形等関連品が展示がされています。

❾山中城跡公園　北条氏の前線基地として築造。近年城址全体が復元され、本丸や天主櫓等を散策できる遺跡公園。

❿笹原一里塚　江戸から27番目の笹原一里塚は塚全体が残っています。

⓫錦田《にしきだ》一里塚と松並木　愛宕坂松並木に現存する左右一対の貴重な一里塚。

⓬三嶋暦師の館　仮名文字の暦としては日本最古の三嶋暦を伝える施設。

⓭三嶋大社　古代より伊豆一宮として親しまれ、特に源頼朝の崇敬は篤く、以後多くの武将がこれに倣いました。

⓮圓明寺　山門は、もと樋口本陣のものを移築。

⓯長円寺　山門はもと世古本陣のもの。

4 爽やかな海山川、富士を友に越えていく

間の宿・岩淵▼蒲原宿▼由比宿▼興津宿

【コース距離＝全16・9キロ】

間の宿・岩淵
▼3・9キロ
蒲原宿
▼3・9キロ
由比宿
▼9・1キロ
興津宿

❶小休本陣・常盤家

広重の「左富士」で知られる吉原から、かつて急流の難所として知られた富士川を越えると、まもなく間の宿・岩淵。ここは東海道新幹線の新富士駅からタクシーで15分ほどで（東海道在来線・富士川駅からは徒歩15分程）、日本橋から37番目の一里塚が左右一対で現存しています。

岩淵から薩埵峠手前の間の宿・倉沢までは、歴史的風情を残す貴重なエリアで、東海道でわずか3カ所しかない「歴史国道（間の宿・岩淵〜蒲原宿〜由比宿）」として、国の指定を受けています。岩淵には小休本陣も現存し、大名などの休憩に利用された特別な茶屋建築が公開されています。小休本陣は東海道では他に近江に残るだけの貴重な建屋です。

蒲原宿までの約1里はゆるやかに蛇行す

蒲原宿　広重「夜之雪」碑

東海道一の早瀬、富士川越しは困難なことだった

る道で、江戸時代らしい街道といえるでしょう。途中の、明治天皇が富士山に感動して輦《れん》を止めた場所には「ご駐輦の碑」も。さらに海の方向へ下り、東名高速をまたぐと駿河湾も近く、宿場町風情を色濃く残す蒲原に到着。

蒲原宿には江戸時代の旅籠、町屋、土蔵、工場建屋などが現存し、国の登録有形文化財など、日本独特の建築技術を残す建物を見ることができます。

東木戸近くにある名主渡邊家の文書土蔵は、四方転びという四隅の柱が中央へ傾斜した江戸期の建物。商家・佐野屋と和菓子の遷菓堂《せんかどう》（吉田家）は防火用に土を厚く塗りこんだ塗籠造で、宿場時代の面影を残します。また吉田家主屋は伊豆石造りの塀とともに国の有形登録文化財に指定されています。旧五十嵐邸は洋風も採り入れた日本建築の歯科医院で、大正時代の貴重な建物（国登録有形文化財）。

⑨安政時代建築の志田邸

⑪由比本陣公園に建つ、東海道広重美術館

江戸期建築の旅籠和泉屋と商家・志田邸も国の登録有形文化財です。前者は休み処と鈴木家の2軒に分割された大型旅籠で、三和土《たたき》が見られる天保建築。志田家は米・塩・醤油などを扱う商家で蔀戸《しとみど》・箱階段・囲炉裏《いろり》・9尺の大畳・野郎畳などを揃えた安政初期の典型的町屋建築です。庭には万両・千両の他、江戸町民が愛でた百両・十両・一両が毎年赤い実をつけます。天保13（1842）年の醤油工場建屋は床を張らず三和土で、壁芯には竹を割らずに入れた、東海道に唯一現存する江戸期のままの工場建屋。江戸期から昭和前期までの生活関連品を展示する東海道町民生活歴史館も併設されています。

宿内を西に進むと枡形が入れられ、その近くに山部赤人を祭神とする和歌宮神社が置かれ、天保14年の「宿村大概帳」の「蒲原宿・由比宿の海岸が田子の浦」という記載を裏付けます。

由比の名物・桜えびの天日干し

参考データ

間の宿・岩淵▶東海道新幹線新富士駅下車タクシーで約15分、またはJR富士川駅下車
富士市観光案内所
☎0545(81)5556

蒲原▶JR新蒲原駅下車
静岡観光コンベンション協会
☎054(251)5880

由比▶JR由比駅下車
静岡観光コンベンション協会

興津▶JR興津駅下車
静岡観光コンベンション協会

薩埵峠から富士を望む

⑭望嶽亭藤屋には、15代将軍慶喜のピストルが展示されている
写真提供：若杉昌敬氏

蒲原宿を出て海沿いの旧国道を西に進み、由比の一里塚を過ぎたあたりが由比宿。由比本陣公園内に開館した静岡市東海道広重美術館は、対面の正雪紺屋《こうや》とともに江戸時代の趣きを伝えます。由比宿から西に向かうと、山が徐々に迫り、街道が上り坂に転じるところに望嶽亭藤屋があり、幕臣・山岡鉄舟を救った隠し階段や15代将軍のピストル等を見ることができ、感慨一入。

ここから先は薩埵山中腹を通る山道で、峠を越えると興津川があり、これを渡れば興津宿です。山の斜面に清見寺が置かれ、海側には元勲西園寺公望の住居・坐漁荘《ざぎょそう》が復元・公開されています。清見寺は足利尊氏が深く崇敬し、康永2（1343）年には日本で7番に位置づけられたほど由緒と伝統のある名刹です。

豆知識

天神雛

駿河は昔から農業が盛んなところで、水を大切にする土地柄です。それゆえ、雷神である天神様を祀り、雨を期待する風習がありました。男児誕生の際には、初節句に「天神雛」を祀り、端午の節句や桃の節句、地区によっては一年を通じて天神雛を飾るところもありました。天神雛も時代によって様子が異なるのが面白いところです。特に江戸時代の天神雛は練天神とも呼ばれるもので、主に桐のおがくずを漆で塗り固めて芯にし、製作されました。現代の私たちが知る、明治以降の衣装天神とは全く異なるものです。

東海道町民生活歴史館蔵

見どころ案内

❶小休本陣・常盤家　渡船名主と岩淵村名主を兼ねていた常盤家が、大名などの貴人用休憩施設を設け飲食を提供しました。一般の旅人相手の茶屋とは異なり立派な門を構える屋敷で、小休本陣と呼ばれました。上段の間から眺める庭には巨大な槙がそそりたち、周辺には一両が繁茂し冬場には赤い実をつけ客を迎えます。

❷岩淵の一里塚　日本橋から37里目にあたる一里塚で、左右一対が現存する貴重な塚。東側の榎は虫害により昭和42年に枯れましたが、45年以降2代目が元気に成長し、往時に近い状況となっています。

❸名主・渡邉家土蔵（木屋江戸資料館）
享保年間（1702年頃）から蒲原駅長・百姓代を勤め、江戸後期には名主・問屋職・郡中総代など勤めた渡邉家には当主用書斎兼文書保管用土蔵があり、予約すれば見学も可能。

❹佐野屋の塗籠造　周囲を土壁で覆った塗籠造りの商家。塗籠造り住居の壁は土蔵ほど厚くはないが防火効果は大きく、昔から「贅沢普請」と言われました。元来城郭建築に使用された建築手法でこの地区では幕末以降に広まりました。

❺遷菓堂（吉田家）　主として和菓子を製造・販売していた菓子店跡。当時の「カステーラ」の看板も掲げられており、レトロな雰囲気があります。

❻蒲原宿本陣跡　平岡本陣跡が、現在は大正時代の洋風建築になっています。庭には大名の駕籠置き石が残る貴重な住居。居住者がおり、非公開。

❼旅籠和泉屋（お休み処）　三和土土間と2階外側には櫛形模様の手摺を備えたたいへん珍しい天保建築。

❽旧五十嵐邸　大正時代に町屋を洋風に増改築しガラス窓を多用して開放的にしたモダンな建物で、治療室・技工室・待合室は2階に置かれ、庭先に遠来患者用の宿泊棟が備えられています。昭和前期までの地方医療の実態を知ることが出来ます。

❾商家・志田邸（東海道町民生活歴史館、東海道57次・中山道67次交流館）　嘉永7年（安政元年）の地震で被災した直後に再整備された江戸時代の建築で、「通り土間一列型」と呼ばれる典型的な町屋様式。店の間は安政時代のまま。中の間には一畳半の長大畳も使用されており、現在では大変珍しい部屋が並んでいます。建物だけでなく挟み箱・陣笠・食器・箱枕・天神人形など、江戸時代の物を含め昭和前期までに使用された生活用品が展示されています。

❿堀川（富士川舟運跡）　富士川舟運の小舟を引き込んだ運河で、甲州年貢の

江戸廻米中継基地の名残。

⑪**由比本陣公園・静岡市東海道広重美術館**　由比本陣公園の落ち着いた庭園の中に設けられた美術館。「東海道五十三次」、「木曾街道六十九次」を含め、約1400枚の浮世絵を所蔵。

⑫**正雪紺屋**　3代将軍家光没後の慶安4年（1651）、幕府転覆を企てた慶安事件の首謀者・由比正雪が生まれた紺屋。染色甕が並ぶ作業場や駕籠などが残されており見学も可能。

⑬**小池邸**　寺尾地区で代々名主を務めてきた小池家の新宅で、江戸様式で建造した明治初期建築。低い軒の瓦葺、潜り戸付の大戸、格子など当時の民家の面影を残しています。

⑭**望嶽亭藤屋**　室町時代から営業を続け広重の浮世絵にも登場する脇本陣兼茶屋で、現在は資料館として公開されています。

　白隠禅師が逗留した際に揮毫した「望嶽」の扁額や、官軍に追われた山岡鉄舟の命を救った隠し階段が残されるなど、東海道の歴史を見守ってきた建物です。

⑮**薩埵峠**　富士山、箱根連山、伊豆半島、駿河湾が一望出来、広重も画題に選んだ景勝地。峠が海岸線に迫り、細い道だけが続いて一人歩きは心細くなる峠で、かつては雲助も出たと言われたところ。

⑯**清見寺**　東北の蝦夷に備えた清見関の傍らに、関所鎮護のため仏堂が建設されたのが、清見寺の始まり。近隣諸国との外交を重視した家康は朝鮮や琉球の通信使を丁重に迎えましたが、府中宿周辺では度々清見寺を宿泊所に指定し、来日中の琉球王子が亡くなった際には当寺に墓を設けるなど幕府が活用した重要寺院です。

⑰**坐漁荘**　元老西園寺公望の晩年の住居が復元され、公開されています。

⑯清見寺　写真提供：静岡市観光協会

清見寺の五百羅漢像

5 海運の名残に峠道。風情ある道を過ぎ、大御所の本拠地へ

江尻宿…府中宿…丸子宿…岡部宿

【コース距離＝全23・9キロ】

江尻宿
◀10・5キロ
府中宿
◀5・6キロ
丸子宿
◀7・8キロ
岡部宿

❻清水次郎長の生家も残る
写真提供：静岡県観光協会

江尻宿はJR清水駅近くにありますが、このあたりはかつて戦災に見舞われました。宿中央には家康の嫡男信康を祀る江浄寺があり、大権現として家康が駿府に君臨する時代は江尻宿を通る大名は必ず駕籠を降り、お参りしたと言われます。

東海道の南に聳える久能山は家康の気に召した地で、遺言により亡くなるとその日のうちにここに眠られました。翌年日光に東照大権現として祀られますが、家康公の神廟は現在も国宝・久能山東照宮にあります。

府中宿も戦火を浴びたため、東海道有数の大きな駅も変貌を余儀なくされました。しかし家康が大御所として采配を振るった駿府城跡には櫓が再現され、城内には礎石などが点在して、威容を誇った城郭を偲ばせます。東海道を少し離れると徳川家に縁

⑨ドライブ客にも人気の日本平
写真提供：静岡県観光協会

⑩壮麗な久能山東照宮

ある寺社も多く興味深く散策できます。人質時代を過ごした臨済寺や、15代将軍慶喜の関係では、蟄居先の宝台院と自由になってからの代官所跡（現浮月楼）、外祖母と娘市姫が眠る華陽院や通信使縁の宝泰寺も東海道近くです。

丸子宿近くには吐月峰柴屋寺があり、宿内には広重東海道に登場する丁子屋があり、昔の雰囲気を伝えます。

秀吉の陣羽織が残る宇津ノ谷には江戸期の面影が残り、更に進み峠を越えれば岡部宿入口です。

岡部宿では大旅籠柏屋歴史資料館が見どころです。多くの旅人を世話してきた休泊施設全体が見事に解体復元され、公開しています。静かな街で、近くには道の駅・玉露の里もあり、落ち着いて散策出来る宿駅です。

岡部宿は鉄道から離れており街道歩きが主目的でなければ、静岡または藤枝からバスとなります。

⑮宝泰寺（朝鮮通信使休憩所として使われた）

⑪駿府城東御門

⑱宇津ノ谷峠の街なみ

⑰広重の浮世絵にも描かれた丸子の「丁子屋」

駿府城に建つ家康公の像

豆知識

次郎長と鉄舟の出会い

浪曲や映画でおなじみ、幕末の侠客・清水次郎長。明治元年の秋、旧幕府の軍艦「咸臨丸」が官軍に襲われた際、逆賊として駿河湾に放置されていた乗員の遺体を手厚く葬りました。当時、明治政府の静岡藩大参事の任にあった旧幕臣の山岡鉄舟は 次郎長の義侠心に深く感じ入り、これが機縁となって次郎長は山岡鉄舟・榎本武揚と交際したとされています。

参考データ

江尻宿▶JR清水駅・静鉄新清水駅下車

府中宿▶JR静岡駅・静鉄新静岡駅下車

丸子宿▶JR静岡駅・静鉄新静岡駅から静鉄バスで「丸子橋」下車
以上静岡観光コンベンション協会
☎054（251）5880

岡部宿▶JR静岡駅・静鉄新静岡駅またはJR藤枝駅から静鉄バスで「藤枝市岡部支所前」下車
藤枝市観光案内所 ☎054（647）1144

見どころ案内

❶江浄寺　家康の長男信康を祀る寺院。

❷稚児橋　静岡市を流れる巴川に架かる橋で、子供の姿をした河童が現れたという伝説があります。

❸追分道標・追分羊羹　湊への追分の道標と追分羊羹発祥の地。

❹鉄舟禅寺　武田信玄に追われるまで久能山にあった古刹。再建の音頭をとった山岡鉄舟に因んで改称。

❺梅蔭禅寺　清水次郎長とその子分の大政《おおまさ》、小政《こまさ》などが眠る禅寺。

❻次郎長の生家　次郎長が産湯で使った井戸などが現存。次郎長にまつわる写真や資料も展示されています。

❼船宿・末廣　次郎長が明治19年に清水波止場に開業した船宿を「清水港船宿記念館」として復元。

❽甲州年貢中継基地跡　富士川舟運を使って江戸へ納めた甲州年貢の積み替え基地跡。

❾日本平　駿河湾沿いの有度山一帯。富士山が駿河湾越しに見え、眼下には清水の町並みと港が一望できます。

❿久能山東照宮　家康公を祀る最初の神社。権現造様式は全国の東照宮に反映されています。国宝となった本殿などの後ろには神廟が置かれています。

⓫駿府城跡（駿府城公園）　家康が大御所として采配を振るった城。一部の櫓が復元され、資料館として公開。

⓬宝台院　2代将軍秀忠の実母、西郷局が眠り、15代慶喜が謹慎していた寺院。

⓭臨済寺　家康が今川家の人質時代に居住し、臨済宗の名僧雪斎から教えを受けた寺院。

⓮華陽院　人質時代の家康が世話になった寺院で、外祖母源応尼、五女・市姫などが眠ります。

⓯宝泰寺　駿府三刹と呼ばれた古刹。朝鮮通信使、琉球使節の休泊に使われた伝統ある寺院。

⓰吐月峰柴屋寺　今川氏に仕えた連歌師宗長ゆかりの寺。

⓱丁子屋　慶長元年に創業した、とろろ汁の店。白味噌仕立てのとろろ汁と麦飯の定食が人気。

⓲宇津ノ谷峠　「宇津の山」として知られ、「伊勢物語」をはじめとした古典に広くその名が登場する峠。由比の薩埵峠とならぶ駿河路の難所。

⓳お羽織屋・石川家　旅人が一息つく宇津ノ谷にある旧家。立ち寄った豊臣秀吉が羽織を与えたことから「お羽織屋」と呼ばれるようになりました。

⓴慶龍寺　厄除けの十団子が有名。

㉑蔦の細道　宇津ノ谷峠の一部で、在原業平が、名は蔦が繁る峠の寂しさを歌ったことに由来。趣きある峠道。

㉒大旅籠柏屋歴史資料館　山越えの道にあった旅籠で、資料館として公開。

6 大井川に小夜の中山 難所続きに旅人の苦労を偲ぶ

嶋田宿▶金谷宿▶日坂宿▶掛川宿

【コース距離＝全20・8キロ】

嶋田宿 ◀3・9キロ 金谷宿 ◀6・5キロ 日坂宿 ◀10・4キロ 掛川宿

このコースは東海道最大の難所・大井川と3大峠の一つ小夜の中山を越えるもので、江戸時代は難儀なコースでした。現在は自動車用に整備され歩きやすくなりましたが、小夜の中山には一部急坂もあり、雨天時などは要注意。

JR東海道線島田駅前を真っ直ぐ進むとすぐに東海道と交差し、ここを左折して川越遺跡を目指します。

途中に川越し前に安全祈願したという大井神社。しばらく歩けば「越すに越されぬ」と言われた大井川が目の前を大きく横切ります。川沿いには旅人が苦労した川越しを伝えるため、川会所・番屋・荷縄屋などを並べた川越遺跡が整備され、人足の助けで徒歩渡りした苦労を偲ばせます。今では大井川橋を渡れば20分程で金谷宿。大井川と

❶幅約1キロの大井川に架かる蓬莱橋

❹大井川沿いに川越遺跡

❺往時の趣きを感じる金谷坂

小夜の中山、東西を難所に挟まれて賑わった宿場町です。近くには茶畑として開拓された牧之原台地がなだらかに広がります。

　金谷宿から日坂に向かうと菊川の石畳や小夜の中山の急坂を経験できます。往時の石畳を参考に、平成の道普請として大規模に復元したもので、大型の石が整然と並び、箱根峠とは異質な石畳となっています。街道沿線には茶畑が多く、初夏には目に眩しい緑の景色が広がります。日坂宿には2軒の旅籠建屋が現存し、大型常夜灯や復元された高札場などとともに街道時代の雰囲気を伝えます。

　掛川宿では、掛川城の御殿が重要文化財として現存します。同じく大手門番屋も貴重な江戸期の城内建築。平成6年に木造天守閣として再現された新天守閣とともに掛川城の多くを公開しています。

牧之原台地に広がる茶畑　写真提供：静岡県観光協会

瓦屋根と白漆喰の商店が並ぶ掛川城近くの大手門通り

豆知識

「川越し」と「川の留め明け」

架橋が禁止された河川は「徒歩渡り（歩行渡り）」か渡船で越えますが、これを「川越し」と言います。河川の水量が多いと、川越しが禁止されます。禁止を「川留め・川止め」、再開すれば「川明き・川明け」と呼びました。留め明けの水量は川によっても、季節（夏川か冬川か）によっても異なります。平均水位は2尺5寸で、4尺になると馬越し禁止、4尺5寸で徒歩渡り禁止、5尺で継飛脚も川留でした。川明きの深さは川留め時より5寸下でした。

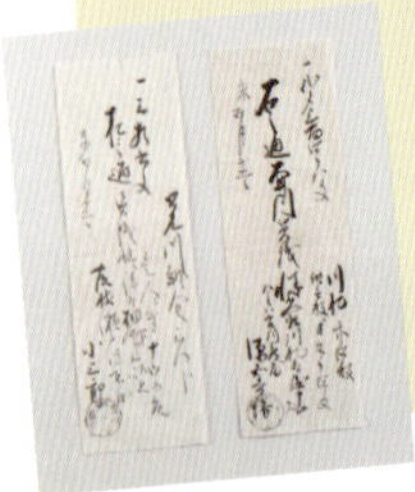

川越人足賃銭受取状　島田市博物館蔵

❽小夜の中山の句碑（小夜の中山公園）

⓮掛川城

参考データ

嶋田宿▶JR島田駅下車
　島田市観光協会　☎0547（46）2844

金谷宿▶JR金谷駅下車
　島田市観光協会

日坂宿▶JR掛川駅から掛川バス東山線にて「日坂」下車
　掛川観光協会　☎0537（24）8711

掛川宿▶JR掛川駅下車
　掛川観光協会

見どころ案内

❶蓬莱橋　明治12（1879）年に架橋された木造歩道橋で、増水により度々流出するもその都度再建され、現在も世界一長い大木造橋梁としてギネスブックに登録されています。全長897・4メートル、通行幅2・4メートル。現在の橋脚はコンクリート製です。

❷大井神社　安産や女性の守護神として信仰されてきた神社。江戸時代には大名や飛脚も旅の安全を祈念しました。

❸島田市博物館　島田市の歴史文化遺産を収蔵。川越し道具や関係文書も多く保管します。

❹川越遺跡　幅1キロの大井川の川越しを伝えるため、遺跡を活用しながら川越施設を復元。

❺金谷坂石畳　粘土質であった金谷坂を歩きやすくするため、文政年間に石畳が敷かれました。現在は復元の石畳が430メートル続きます。

❻間の宿・菊川　金谷・日坂間は1里24町と短いものの、急勾配が続く難所であるため、休憩地として重宝にされました。

❼久延寺　夜泣き石伝説で有名な寺。「名物子育飴」は麦芽から作る粘り気の強い水飴で、隣の茶店扇屋で販売中。

❽西行法師の歌碑（小夜の中山公園）難所と知られた中山峠は、現在公園として整備され、ハイキングや史跡散策のコースとして親しまれています。

❾旅籠川坂屋　精巧な木組みと格子が特徴的な脇本陣格の旅籠。寛政年間（1789〜1801）に問屋役を務めた齋藤次右衛門が開業。

❿旅籠萬屋　間口4間半の中規模旅籠。表の蔀戸、奥行のない床の間などが残る庶民的な旅籠で、当時の旅の実態を知ることのできる建築です。

⓫藤文　幕末の問屋役伊藤文七の邸宅で、郵便創始の際に設けられた郵便局の一つ。

⓬事任八幡宮　枕草子にも出てくる由緒ある神社。坂上田村麻呂植樹の大きなご神木があり、八幡宮の長い歴史を語ります。

⓭高札場跡　高さ2間、幅2間、奥行7尺の立派な掲示板が復元され、正徳・天保年間の定が掲げられています。

⓮掛川城・御殿　室町時代に駿河守護大名今川氏が家臣朝比奈氏に築城させたのが城の始まりで、桶狭間で今川家が敗北すると徳川側の城として対武田の防衛拠点に。御殿は文久2（1862）年に再建された城主の住居兼役所で、全国でも京都二条城など4カ所しか現存しない城郭建築の一つで、東海道では唯一となる貴重な文化財です。

7 唯一現存の新居関所と舞坂脇本陣。江戸文化を知る充実散策を

浜松宿…▼舞坂（舞阪）宿…▼新居宿

【コース距離＝全16・7キロ】

浜松宿
◀10・8キロ
舞坂宿
◀5・9キロ
新居宿

❶古の戦いを伝える犀ヶ崖史料館
写真提供：浜松観光コンベンションビューロー（左ページも）

浜松駅に降り立つと高層ビルをはじめ近代建築が並び、宿場町のイメージとは対照的ですが、駅前を離れれば、歴史情緒を残す見どころが揃っています。

浜松城は場所は少し異なりますが、野面積みの石垣と天守閣を再現し、家康が17年間にわたり苦労し、腕を磨いた若き日の努力と活躍を伝えます。家康の苦い思い出も、今次大戦の悲しい思い出も嘘のような、明るい雰囲気が感じられる浜松城公園です。

正妻・築山殿や嫡男信康を犠牲にした浜松には、家康にまつわる史跡がかなり残されています。築山殿を祀る西来院を始め家康に関係する寺社などは多く、浜松駅を振り出しにこれらを巡る散策コースが設定され、家康の浜松時代を学ぶことができるでしょう。

❺西来院

❷野面積みの石垣が特徴的な浜松城

ＪＲ舞阪駅から数分南へ。舞阪松並木に沿って西に散策すると舞坂宿見附に至り、これが舞坂宿の入口です。さらに進むと鼻先をくすぐる磯の香り。美味しそうな海産物が店先を飾り、漁師町を兼ねた宿であったことがわかります。

ここには脇本陣、雁木、松並木など江戸期遺構も残り、街道文化を学ぶには手頃な宿駅です（舞阪は江戸時代の記録は「舞坂」と記載し、駅名などは「舞阪」と表示されます）。

ＪＲ新居町駅から線路に沿って10分も歩くと、日本唯一の江戸期の関所建屋・新居関所の威容。あまりの迫力に旅人も威圧感を感じただろうと同情したくもなります。この本物の関所建屋は街道管理を正確に伝える貴重なもので、見応え十分です。

近くには明治になって再建された旅籠・紀伊国屋があり、再現された高札場とともに往時の宿駅の様子を伝えています。

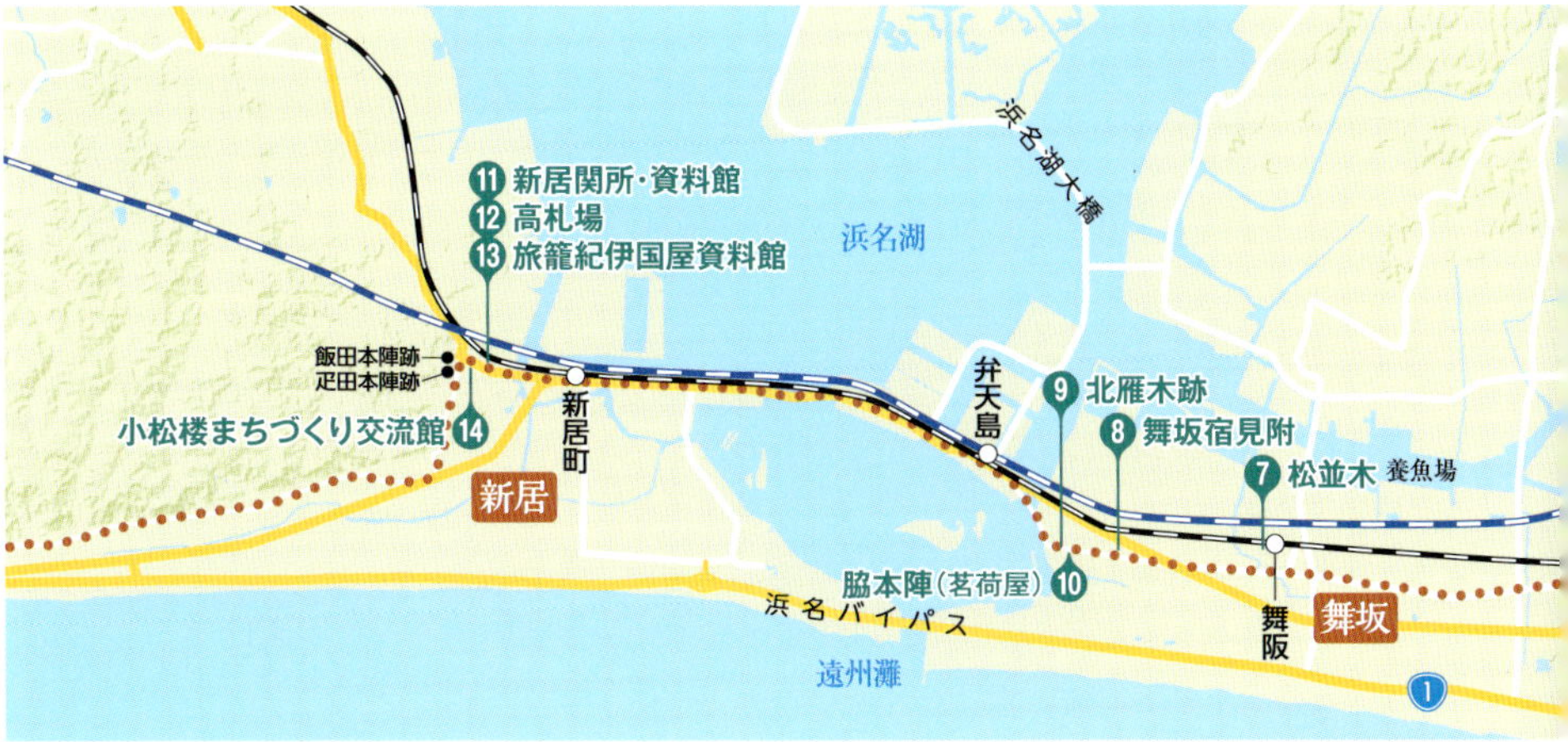

⑬江戸時代は宿最大の旅籠だった紀伊国屋

⑦舞阪の松並木　写真提供：浜松観光コンベンションビューロー（中段２点、下段も）

きらめく浜名湖を眺めながら

⑪新居関所

豆知識

雁木（がんげ、がんぎ）

江戸期の渡船場には水面の上下に対応できるよう、一般には階段状の設備が設けられましたが、これを雁木《がんぎ》と呼びます。但し舞坂宿では「がんげ」と呼びました。なお、近年は浮桟橋等もあり、階段状の渡船場は見られなくなりましたが、江戸時代は一般的な船乗場の構造でした。舞坂湊には大名用、武士用、町民・貨物用の3雁木がありましたが、現存するのは大名など貴人用の北雁木だけで、砂などを敷き、舟の出し入れがしやすいように改良されています。

徳川秀忠誕生井戸（産湯の井戸）

参考データ

浜松宿▶JR浜松駅下車
浜松市観光インフォメーションセンター　☎053（452）1634
舞坂宿▶JR舞阪駅・弁天島駅下車
舞阪町観光協会　☎053（592）0757
新居宿▶JR新居町駅下車
新居町観光協会（新居町商工会内）
☎053（594）0634

見どころ案内

❶犀ヶ崖資料館　元亀3（1573）年、徳川家康と武田信玄が戦った三方ヶ原《みかたがはら》の戦や、郷土芸能「遠州大念仏」などについて展示・解説する資料館。三方ヶ原古戦場の一つ、犀ヶ崖を直接上から覗くことができます。

❷浜松城（浜松城公園）　家康が遠州攻めの拠点として建造した城。歴代城主は在城中に老中まで栄進する人も出るほど出世者輩出の縁起よい城で、「出世城」とも。浜松城公園内に再現されています。

❸浜松復興記念館　太平洋戦争で激しい空襲を浴びた浜松の戦争と復興を伝える資料館。

❹賀茂神社　京都上賀茂神社の流れをくむ神社で、国学者・賀茂真淵の父はこの神社の神官でした。

❺西来院　織田信長に「武田側と通じている」と疑われ、佐鳴湖付近で殺された、家康の正妻・築山御前の廟所がある寺院。藤の名所としても有名。

❻二つ御堂　奥州の藤原秀衡の愛妾が秀衡を想い北の御堂を建て、秀衡が愛妾への感謝を込めて南に造り、街道の左右に向かい合う二つの御堂。

❼松並木　JR舞阪駅近くから西に340本程連なる見事な松並木。東海道2大松並木の一つ。

❽舞坂宿見附　「見附」は宿の出入り口に設けられた見張所のこと。東海道に現存する見附遺構は他に小田原宿がありますが、街道の左右に一対で現存するのは舞坂宿のみ。

❾北雁木跡　舞坂の雁木は3カ所ありましたが、その利用は厳密に区分され、高貴な人の舟だけが北雁木に発着しました。

❿脇本陣（茗荷屋）　東海道に唯一現存する脇本陣で、近年解体整備し、公開されています。天保9（1838）年創建。

⓫新居関所・資料館　慶長5（1600）年創設。嘉永7（1848）年11月の大地震で倒壊し、安政期に再建されました。日本に唯一現存する江戸時代の関所建築。役人が勤務する面番所や女改長屋・武器等を公開するとともに資料館も併設されています。

⓬高札場　新居関所の出入り口にあたる枡形広場に再現。

⓭旅籠紀伊国屋資料館　紀州出身者が開業し、紀州藩御用宿に指定された老舗の旅籠。間口5間、部屋数12、裏座敷2、総畳数63畳の平屋建築で、江戸時代には新居宿最大の旅籠でした。

⓮小松楼まちづくり交流館　明治時代の芸者置屋。多くの個室を備えた2階建建築で縁の薄い置屋内部を見学できます。

8 長い松並木を抜け、家康ゆかりの史跡を巡る

御油宿…▶赤坂宿…▶藤川宿…▶岡崎宿…▶池鯉鮒宿…▶間の宿・有松…▶鳴海宿…▶熱田(宮)宿

【コース距離＝全49・5キロ】

御油宿
◀1・7キロ
赤坂宿
◀8・8キロ
藤川宿
◀6・6キロ
岡崎宿
◀14・9キロ
池鯉鮒宿
◀9・5キロ
間の宿・有松
◀1・5キロ
鳴海宿
◀6・5キロ
熱田(宮)宿

この区間は数々の街道文化遺産や、また歴史国道に選定された藤川宿も含まれ、幅広く学べるコースです。

御油《ごゆ》宿は名鉄御油駅から徒歩数分です。東海道2大松並木の一つ、御油松並木があり、松並木資料館も置かれています。御油～赤坂間16町は、東海道最短の宿駅間隔で20～30分で歩ける、手軽なハイキングコースです。赤坂宿では江戸時代からの旅籠・大橋屋が平成27年3月まで営業していました。江戸時代を伝える建物が見られなくなったのは残念ですが、幸いに豊川市が土地を入手し、補強工事後に公開予定ですので、しばらくは外観中心の見学となります。高札場も復元され、広重の浮世絵に描かれ

❺藤川脇本陣跡資料館
写真提供：岡崎市観光協会（左も）

岡崎に勇壮な武人が甦る家康祭り

た蘇鉄《そてつ》が、浄泉寺に移植されています。

次は広重が「棒鼻《ぼうはな》ノ図」と題して宿駅入口を描いた藤川宿。画中に描かれた見附、傍示杭《ぼうじくい》などが再現され、脇本陣跡には資料館が置かれています。宿から西には立派な松並木が続きます。江戸時代の遺構も現存し（非公開）、歴史国道に指定されました。

岡崎は家康の生誕地で、宿駅時代を伝える努力が随所に見られます。中心部は「伝馬歴史プロムナード」として、街道用語などを解説する説明碑が並び、読みながら散策すると江戸時代の街道・生活がよく理解できます。復元された岡崎城には天守閣以外に、「三河武士のやかた 家康館」が設けられ、三河武士の幅広い活躍を紹介します。

馬市が立ったことで知られる池鯉鮒宿付近には馬を繋いだ松並木や杜若で有名な無量寿寺があります。5月下旬には杜若が境内に咲き乱れ、藤川宿のムラサキ麦とともに当地区の見どころです。

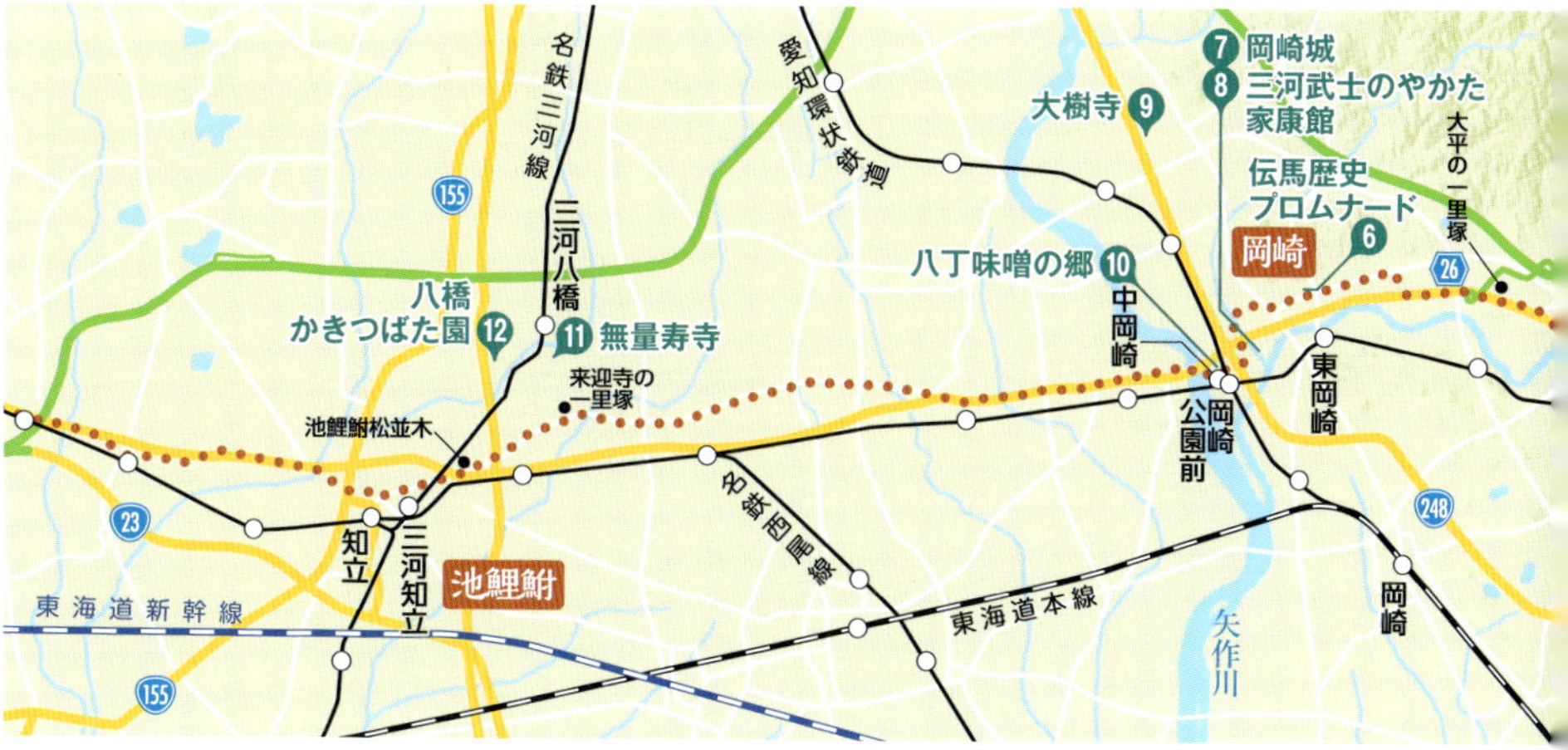

⑩八丁蔵通りは、味噌の香ばしい匂い

⑨大樹寺山門　写真提供：岡崎市観光協会（左も）

間の宿・有松は絞り染めの街として江戸時代から知られ、広重も鳴海宿に「名物有松絞」と題して、この界隈を描きました。町には虫籠窓や卯建を備えた塗籠建築が並び、江戸時代にタイムスリップした感があります。伝統産業・絞り染めの実演を行う「有松・鳴海絞《しぼり》会館」と、「有松山車会館」も覗いてみてください。美しい絞り染めと、精巧なからくり人形を乗せ、水引や刺繍の絢爛豪華な飾りが施された山車の展示に圧倒されることでしょう。

鳴海宿近くの笠寺地区には東海道一巨木の一里塚と、笠寺観音として知られる笠覆《りゅうふく》寺《じ》があります。鳴海宿には宿出入口の常夜燈が昔を伝えます。

このコースは、鉄道利用を織り交ぜて宿駅巡りが可能ですが、見どころが多く1泊2日が基本です。

⑲尾張四観音の一つ、笠覆寺

⑮鮮やかな有松絞り
写真提供：愛知県観光協会

精緻なからくり人形が特徴、有松の山車

「東海道五十三次　藤川」歌川広重
川崎・砂子の里資料館蔵

豆知識

棒鼻・棒端（ぼうはな）

宿駅の出入口周辺を指し、重要人物の送迎や、外部からの出入り確認が行われた場所です。木柱が建植されたことから、両端部周辺は棒鼻と呼ばれ、広重も「東海道五十三次」の藤川宿に棒鼻を描きました。この1枚には境界点を表す傍示杭（棒示杭）、警備的施設である見附、さらには宿幹部が一列に並んで大名行列を迎える場面が描かれています。藤川宿には東棒鼻にこれらが再現されていますが、舞坂と小田原には見附の一部が現存します。

参考データ

御油宿▶名鉄御油駅下車
豊川市観光協会 ☎0533(89)2206

赤坂宿▶名鉄名電赤坂駅下車
豊川市観光協会

藤川宿▶名鉄藤川駅下車
岡崎市観光協会 ☎0564(23)6217

岡崎宿▶名鉄東岡崎駅下車、またはJR岡崎からバスで「康生町」下車
岡崎市観光協会

池鯉鮒宿▶名鉄名古屋本線知立駅下車
知立市観光協会(知立市役所経済課内)
☎0566(83)1111

間の宿・有松▶名鉄有松駅下車
有松・鳴海絞会館 ☎052(621)0111

鳴海宿▶名鉄有松駅下車　有松・鳴海絞会館

熱田(宮)宿▶地下鉄名城線伝馬町駅、またはJR熱田駅下車
(公財)名古屋観光コンベンションビューロー ☎052(202)1143

見どころ案内

❶御油松並木と資料館　天正3（1575）年に織田信長の家臣篠岡八右衛門が植樹。のちに幕府が奉行大久保長安に松並木の整備を命じ補強されたもので、往時は赤坂宿江戸見附まで650本が植えられ、夏には強い陽射しから、冬には寒風や雪から旅人を守りました。現在でも100年以上の古木90本を含め350本程が立ち並びます。資料館には松並木や宿駅に関連する資料が展示されています。

❷浄泉寺　薬師如来と石造観音が有名。「東海道五十三次」に描かれた旅籠大橋屋の蘇鉄が当寺の境内に移植され、本堂や周囲に上手く溶け込んでいます。

❸旅籠大橋屋　江戸時代は「伊右衛門　鯉屋」と呼ばれた旅籠。かつて芭蕉も大橋屋に投宿し、「夏の月　御油より出でて　赤坂や」と詠み、夏の短夜と御油宿～赤坂宿の最短距離を重ねて強調しています。2015年3月に閉館しましたが、外観を見ることはできます。

❹法蔵寺　幼少時代の徳川家康がこの寺で手習いや漢籍を学んだとされ、ゆかりの宝物が残されています。境内には新撰組・近藤勇の首塚も。

❺藤川（脇本陣跡）資料館　藤川宿に掲げられていた高札を始め、慶長6（1601）年の伝馬朱印状（伝馬認可状・駒牽朱印状）・江戸期の町屋などを解説しており、小規模ながら宿駅らしい物が集められ、街道見学者には格好の資料館。

❻伝馬歴史プロムナード　宿駅の中心である伝馬通りには永田屋、糸惣、大黒屋等の幕末の建築が現存し、江戸時代の宿駅・旅等についての説明板が街道沿いに設けられています。

❼岡崎城　15世紀に西郷氏が築造し、その後、家康の祖父・松平清康が本拠としました。家康は岡崎城内で誕生しましたが、父・広忠の死後、天文18（1549）年城は今川氏に接収され家康も人質とされます。桶狭間の戦を機に、家康は岡崎城を拠点として三河を統一し、浜松城に本拠を移す元亀元（1570）年まで居城とした由緒ある城です。

❽三河武士のやかた 家康館　家康を中心に、三河の歴史と武家文化を紹介する常設展示のほか、岡崎城や家康のことをまとめた映像資料なども見られます。

❾大樹寺　松平・徳川家の菩提寺。歴代将軍の位牌が納められ、ゆかりの寺宝も多くあります。桶狭間の戦で敗走した今川軍の家康はこの寺に逃げ帰り、先祖の墓前で自害しようとするも、住職・登誉に諭されて思いとどまったという伝説があります。

⑩八丁味噌の郷　江戸時代、宿の西には味噌を製造していた八丁村（城から8丁の距離）がありました。現在も蔵通りで蔵元2軒が八丁味噌を製造しており、見学も可能です。

⑪無量寿寺　名勝八橋の中心にある臨済宗妙心寺派の寺。慶雲元（704）年に創立され、その後、方巌売茶翁により再建された際に、杜若園も完成したと伝わります。

⑫八橋かきつばた園　八橋は杜若の名所として古くから知られています。平安時代の代表的歌人在原業平がこの地を通った際、都に残してきた妻子を偲び「かきつばた」の五文字を句の上にすえて「から衣　きつつなれにし　つましあれば　はるばるきぬる　たびをしぞおもう」と詠んだことから有名になりました。

⑬阿野一里塚　左右の塚が現存する一里塚ですが、面影はありません。国指定史跡。

⑭桶狭間激戦地跡（2カ所）　永禄3（1560）年、今川軍2万5千人にわずか3千人の織田軍が勝利した歴史的戦場跡。名古屋市緑区と豊明市に残されています。

⑮有松の家並み（竹田邸など）　江戸時代から旅の土産として有松絞の製作・販売が盛んで、現在も塗籠建築や卯建を備えた絞関係の店舗が軒を連ねる街。

⑯有松山車会館　名古屋市指定文化財の「からくり人形を載せた山車」を展示・解説する会館です。

⑰有松・鳴海絞会館　絞の実演をするとともに関係資料を展示する資料館で、1階では販売もしています。

⑱笠寺一里塚　名古屋市内に唯一現存する一里塚で、街道一の巨大な榎が植えられています。この木陰で多くの旅人が休息し、旅の情報を交換しあったことでしょう。

⑲笠覆寺　天平時代に小松寺として創建された古い寺。藤原兼平がここを通った際、観音様を笠で覆って雨から守る娘を見初めて妻（玉照姫）としたことから、笠覆寺と名付けられました。鎌倉時代の鐘楼にある梵鐘は尾張三名鐘に数えられます。

⑳宮の渡　宮の渡船場は城下町名古屋の玄関口として貨客輸送面で大きな役割を果たしており、船番所・船会所等の役所を設け船の出入りや旅人名の記録を行っていました。熱田（宮）宿から桑名湊までを「七里の渡」ともいい、晴天ならば約4時間の海路でした。

桑名までの海越えは七里の渡から

9
鈴鹿越えを控え、宿場の風情をもっとも残す関宿で一服

亀山宿…▼関宿…▼坂下宿

【コース距離＝全12・3キロ】

亀山宿
◀5・8キロ
関宿
◀6・5キロ
坂下宿

❶亀山城址の多聞櫓

現在の東海道で最も江戸時代の趣を残している関宿を挟んで、前後3宿を訪ねるコースです。東海道で唯一重要伝統的建造物群保存地区に選定された関宿の街並みが中心ですが、江戸寄りの亀山宿、上方寄りの坂下宿を含め幅広く学べます。

亀山宿はJR関西線亀山駅で下車して徒歩数分のところにあり、中心である亀山城には江戸時代の櫓が現存します。特別公開日以外には櫓内部は見られませんが、城郭内は自由に散策できます。宿駅周辺には旧家や、武家屋敷の長屋門が現存。さらに宿の西には野村一里塚がそのまま保存されています。比較的大きな塚で、東海道唯一の「椋《むく》の一里塚」として知られます。この道をほぼまっすぐ進むと、関宿です。

関宿はJR関西線関駅のすぐ近くで、駅

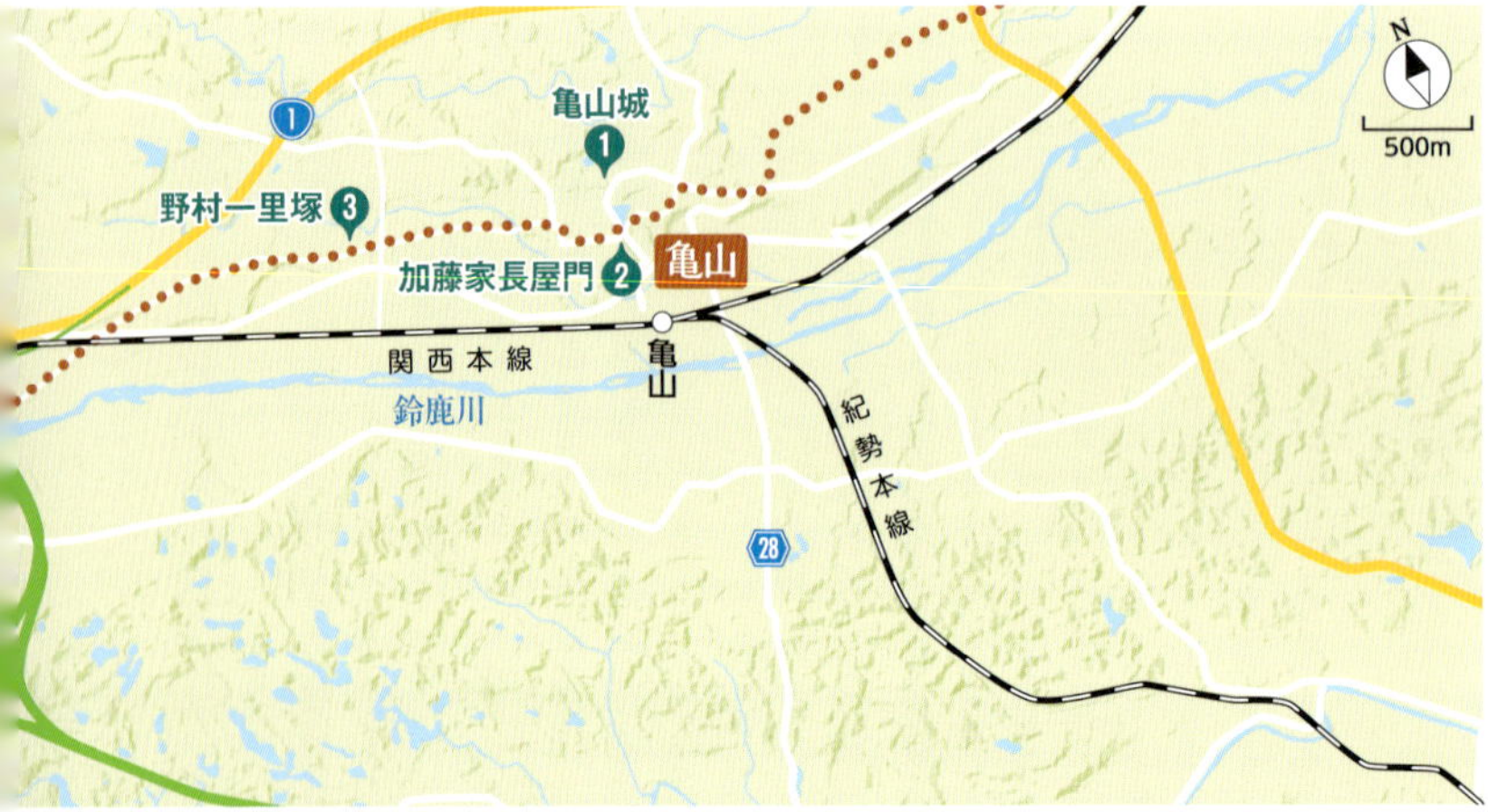

❻大名たちを出迎えた御馳走場跡

❷亀山藩家老をつとめた加藤内膳家の長屋門

前の道を直進すると5分程です。

当地は、大化の改新の頃には鈴鹿関が置かれ、畿内を守る重要拠点でした。関という宿駅名はこの関所の存在からつけられた地名です。

関西や名古屋から少し離れていることから、都市圏開発の影響も少なく、江戸時代の街道文化がほぼそのまま維持され、東海道で最も江戸時代らしい宿駅として知られ、歴史国道にも選定されました。

宿内中央部に位置する関地蔵院は行基が天平13（741）年に開創し、元禄年間に5代将軍綱吉が再建の音頭をとった由緒ある古刹で、本堂・鐘楼・愛染堂は重要文化財に指定されています。宿駅延長は東西15町のほぼ一直線で、そこに歴史を伝える民家が200軒程並んでいます。いずれも隣家と壁を共有する長屋造りで江戸期の面影いっぱい。すでに電柱の撤去も行われ、宿内をゆっくり散策すると、まるで江戸時代

⑨家康ゆかりの瑞光寺

⑩関宿旅籠玉屋歴史資料館

にタイムスリップしたよう。馬を繋ぐ鉄環の付いた家も残り、この地特有の「幕板」が庇《ひさし》に付けられ、雨の降りかかるのを防ぎます。

また、宿駅中央では旅籠・玉屋が資料館として公開されています。

天保14（１８４３）年の記録では、坂下宿は人口わずか５６４人、戸数１５３の、東海道最少の宿駅でした。

しかし鈴鹿峠の麓に位置するところから、宿泊所率は34パーセントに及び、箱根に続く2番目の高い率です（巻末の付表参照）。現在宿駅の跡地には、本陣などの跡を示す碑が置かれるだけで、さびしい限りですが、松屋本陣玄関が法安寺の庫裏玄関として移築され立派な姿を見せてくれます。本陣全体はさぞ豪華であっただろうと想像力を掻き立ててくれます。

関宿は背後に鈴鹿の山なみを控える

関宿に残る馬繋ぎ輪

⑫関地蔵院

旅籠会津屋は食事処として営業

町屋建築の細工を見て歩くのも楽しい。関宿で

参考データ

亀山宿▶JR亀山駅下車
亀山市観光協会　☎0595(97)8877
関宿▶JR関駅下車
亀山市観光協会
坂下宿▶JR関駅からコミュニティバスで「坂下」下車　亀山市観光協会

豆知識

椋の一里塚

亀山宿の西に野村一里塚があります。一里塚の設置は慶長９（１６０４）年に指示がなされ、日本橋から１里（約３９２７メートル）ごとに置かれましたが、現存するのはわずかです。

一里塚の存在は、旅人や人足に位置を教え、時間配分や駄賃計算にも活用されました。塚には木が植えられ、夏は日差しを遮り、旅人の休憩所にもなります。通常、左右一対で設けられ、その６割以上は榎です。冬には陽が当たるよう、主に落葉樹が選ばれ、ほかに松、杉などもありました。野村一里塚は椋の木で非常に珍しく、ほかでは佐屋路神守宿の椋が知られています。

見どころ案内

❶亀山城　三重県に唯一現存する城郭建築で、別名「粉蝶城」とも呼ばれます。石垣、外堀もほぼ当時のまま残されています（江戸時代建築の多聞櫓は特別公開日以外は非公開）。

❷加藤家長屋門　亀山藩家老職加藤家の屋敷で、長屋門・土蔵・母屋の一部が残され、土蔵は市指定文化財に、敷地は市史跡となっています。長屋門は亀山市により幕末当時の姿に復元されたもので、入母屋造瓦葺、中は男部屋・若党部屋・物見・厩の4室です。

❸野村一里塚　樹齢400年の椋の一里塚。椋は別名椋榎《むくえのき》といい、榎に似た樹木。高さ20メートルにもなる落葉樹です。

❹小万のもたれ松　関の小万という少女が父の仇を討つために剣術稽古に通う途中、戯れかかる土地の若者たちを避けるために身を隠したという松です。

❺伊勢神宮一の鳥居　伊勢神宮の鳥居が関宿にあります。伊勢神宮にあった鳥居を譲り受けたもの。

❻御馳走場跡　大名行列が関宿に出入りするのを出迎えたり見送ったりした場所です。かつて関宿には、4カ所の御馳走場がありました。

❼関まちなみ資料館　町屋を活用し、亀山市関町の文化財・歴史資料を写真展示しています。

❽延命寺　山門は寛永年間から明治初頭まで本陣職であった川北本陣から移築したもの。

❾瑞光寺　権現柿で知られる寺院。家康が住職の豊屋永隆と幼馴染だった縁で立ち寄った際、境内の柿を賞味したといわれています。いまも権現柿と呼ばれる柿が秋に実をつけます。

❿関宿旅籠玉屋歴史資料館　江戸時代の大旅籠を修復し、旅関連資料や生活具を展示しています。

⓫関の戸・深川屋　寛永年間に考案された求肥菓子「関の戸」は関宿の代表的銘菓で、御所からも賞賛されました。

⓬関地蔵院　天平13（741）年に行基菩薩が開創したと伝えられ、本堂・鐘楼・愛染堂は国の重要文化財です。現本堂は元禄13（1700）年に将軍綱吉の声掛けで幅広く資金が集められ建立されました。

⓭鈴鹿馬子唄会館　「坂は照る照る峠は曇る　あいの土山雨が降る」と唄われた鈴鹿馬子唄や坂下宿について資料を展示しています。

⓮法安寺　参勤交代する大名達が通った由緒ある旧松屋本陣玄関が法安寺の庫裏玄関として再利用されています。

関宿の町並み

⑭法安寺の庫裏玄関

⑫関地蔵院の鐘楼

10 きらめく琵琶湖を望みつつ瀬田の唐橋を渡れば、大津はまもなく

間の宿・六地蔵…▼草津宿…▼大津宿

【コース距離＝全20・4キロ】

間の宿・六地蔵
◀6・1キロ
草津宿
◀14・3キロ
大津宿

JR草津線手原駅から徒歩数分で間の宿・六地蔵《ろくじぞう》に入ります。大名など貴人の休憩に対応した特別な茶屋である小休本陣・大角家が目を引きます。大名が上段の間から眺めた庭は、小堀遠州《こぼりえんしゅう》の作庭で、明治天皇・昭憲皇太后も利用された歴史的建造物で、現在国の重要文化財です。

大角家は製薬業も営んでいましたが、近くに来た家康がこの薬を飲んだところ腹痛がすぐに回復し、喜んだ家康は「和中散」と命名しました。

評判から多くの旅人が和中散を求めに殺到し、旅人の馬を繋ぐためたくさんの環が建屋の周りについており、繁盛ぶりがうかがえます。

東海道を道なりに歩むと草津川に出会い、草津川跡を越えると草津宿です。

⑤草津宿の田中七左衛門本陣

琵琶湖は美しい夕照でも知られる

⑩石山寺

⑨瀬田の唐橋

草津宿は中山道との追分で、両街道の旅人が通る重要宿でした。現在も草津市によって再整備された田中七左衛門本陣が公開され、貴人の旅を伝えます。

草津は東海道に3カ所しかなかった貫目改所も置かれ、重量検査だけでなく不審物の有無を密かに監視していました。また問屋太田家に「隠し目付」を命じ、あらゆることを内々に報告させました。江戸幕府の周到なる準備が窺えます。草津に来たら、宿の名物「うばがもち」もいただきたいもの。幼子を養うために乳母が餅を売ったという伝説が由来です。

大津宿は県庁所在地として近代的都市に変貌しましたが、手前の石山付近には石山寺、瀬田の唐橋もあり、また軒下に設えられた収納式の縁台・バッタリ床几《しょうぎ》を備えた家屋も多く、風情ある街道が続きます。

⑫義仲寺

⑩花の名所としても知られる石山寺

膳所、バッタリ床机の家並み

⑪膳所城跡の城壁

豆知識

道標（どうひょう）

主要な街までの距離、方角等を示す石柱などで、今日の道路標識です。街道の分岐点である追分等に置かれ、旅人が最も頼りにしました。草津追分の道標は大きく、上には火袋が載る常夜燈でもあり、珍しく貴重です。「右東海道いせみち」「左中仙道美のぢ」と刻まれ、伊勢道、美濃路も示すスケールの大きなものです。

参考データ

間の宿・六地蔵▶JR草津線手原駅下車
栗東市観光物産協会
☎077(551)0126
草津宿▶JR東海道線草津駅下車
草津市観光物産協会
☎077(566)3219
大津宿▶JR東海道線大津駅下車
びわ湖大津観光協会
☎077(528)2772（土日祝休み）

見どころ案内

❶**小休本陣大角家・旧和中散本舗**　多くの大名が休憩した大角家は胃腸薬として重宝された和中散を製造・販売する「ぜさいや」を兼ねていました。国指定重要文化財。

❷**うばがもちや本店**　400年の歴史を持つうばがもちは、なめらかなこしあんで餅を包み、乳母の乳房に似せた草津の名物。

❸**横町道標**　江戸側の入口となる旧草津川沿いにある石造りの道標。火を灯すための火袋を載せてあり、旅人の目印となりました。

❹**追分道標**　東海道と中山道の分岐点であった草津追分に設置された大きな道標です。こちらも火袋があり、常夜燈としての役割も。

❺**草津宿本陣**　田中七左衛門本陣跡で、草津宿に関する資料を展示し、公開。東海道に現存する二つの本陣のうちの一つで貴重な遺構です。全国的に見ても現存する中で最大規模の本陣。

❻**草津宿街道交流館**　東海道・中山道について幅広く調査研究し資料展示を行っています。

❼**常善寺**　天平7（735）年に開基された古刹。家康は関ヶ原の戦に勝利した直後に当寺に宿陣し、大変なご機嫌で僧一秀に田畑50石を与え、傍にいた太田家には草津の発展に尽くすよう命じたと言われます。

❽**政所跡（隠し目付・太田家）**　太田家は江戸幕府から問屋場を預かり、荷物の重量検査（貫目改）も行うとともに「隠し目付」をつとめた名家。

❾**瀬田の唐橋**　日本三名橋の一つ、京都の喉元を通る瀬田唐橋は、「唐橋を制するものは天下を制する」と言われた交通の要衝で、壬申の乱をはじめ、多くの歴史舞台となりました。

❿**石山寺**　琵琶湖西岸に位置する名古刹。紫式部の参籠で知られるほか、源頼朝、足利尊氏、淀殿など時代の権力者たちの庇護を受けてきました。

⓫**膳所城跡**　家康が築城の名手・藤堂高虎に最初に造らせた城で、城構えは、湖水を利用し堀を巡らせた水城でした。現在、本丸跡は膳所城跡公園として整備されています。また、本丸大手門は近くにある膳所神社に移築され、表門となっています（国指定重要文化財）。

⓬**義仲寺**　木曾義仲を祀る寺院で、義仲に私淑していた芭蕉が祀られてから は一層注目を浴びるように。

⓭**大津事件碑**　明治24（1891）年、大津遊覧中のロシア皇太子ニコライが、警護の巡査に斬りつけられた事件現場に碑が建っています。

11 京・大坂の分岐を過ぎたら、歴史の町・伏見をめざす

髭茶屋追分…▼伏見宿

【コース距離＝全11・2キロ】

髭茶屋追分
◀11・2キロ
伏見宿

❷伏見稲荷大社

逢坂関跡から1キロほど京方面に進むと古い道標の立つ追分があります。「直進し京・三条大橋へ向かう道」と「左折し伏見方面に向かう道」で、ここが京と大坂の分岐点です。

　京への道を直進すると、天智天皇陵の前を通り山科経由で京に入り、一方左に進むと伏見稲荷の南を通り伏見宿に着き、その後、淀・牧方（枚方）・守口宿を経て大坂に至ります。

　幕末の伏見宿は、人口24、227人という東海道57次で最大人口を擁す巨大都市。安土桃山時代に始まった酒造りでもさかんでした。家康は京方面に来ると伏見城で指揮をとり、また慶長6（1601）年には、銀貨鋳造のため銀座役所を伏見に置くなど、重要視したところです。東海道大坂延伸の

❷伏見稲荷の千本鳥居

❾船宿・寺田屋

段階で、伏見はすでに重要かつ巨大な都市だったのです。

さらには淀川舟運により大坂や西国への客貨輸送もあり、水陸両面での交通拠点でした。京への舟運は角倉了以によって慶長19（1614）年に開削された高瀬川と鴨川を活用して行われたことから、高瀬舟との積み替え基地として重要な存在でした。また飛脚など情報分野の発展に伴い、伏見宿にも江戸・京・大坂とともに御用定飛脚が許され、情報都市としても大きな役割を担いました。

伏見宿は東海道に沿った細長い宿駅というより、東西、南北とも幅のある大都市ですが、焦点を絞れば半日でも見学は可能です。坂本龍馬の定宿・寺田屋、御香宮神社、戊辰戦争跡など注目すべき見学箇所があり、郊外には明治天皇の桃山御陵もあるので、ゆっくり見学するのであれば1泊するのが良いでしょう。

伏見の魚三楼に残る戊辰戦争の銃弾痕

⑩月桂冠大倉記念館

伏見の酒蔵と十石舟

観光用の三十石船

豆知識

御香宮神社と鳥羽・伏見の戦

伏見の御香宮神社は、病に効く香りの良い水が出たことから清和天皇が名付けた由緒ある神社。秀吉時代に伏見城内に移され、家康により現在地に戻された経緯があります。本殿と表門は重要文化財。

慶応4（1868）年1月3日に勃発した鳥羽・伏見の戦では、薩摩藩を中心とする新政府軍の拠点となり、新生日本の出発点とも言われます。奉行所に本拠を置く幕府軍と伏見周辺で激しい戦いが展開され、伏見の町にはいまも銃弾痕が残されています。朝廷から新政府軍へ、錦の御旗が渡されるきっかけとなった戦いです。

御香宮神社

参考データ

髭茶屋追分 ▶ 京阪電鉄京津線追分駅下車
びわ湖大津観光協会
☎077(528)2772（土日祝休み）

伏見宿 ▶ 京阪電鉄京阪本線伏見稲荷・丹波橋・中書島駅、または近鉄丹波橋・桃山御陵前駅下車
NPO法人伏見観光協会
☎075(622)8758

見どころ案内

❶髭茶屋追分　東海道と伏見街道（奈良街道）の分岐点。逢坂関から1キロ程京都側に歩くと東海道と伏見街道との分岐点があり、かつてはこの髭茶屋追分から逢坂関にかけて土産を売る店と茶屋が並び大いに賑わう場所でした。現在は自動車道と京阪電車の建設により昔の面影は残りません。

❷伏見稲荷大社　全国の稲荷神社の総本宮。古くは食物・蚕桑あるいは諸願成就の神、中世以降は商業神・屋敷神としても信仰されています。本殿は明応8（１４９９）年に再興されたもの。社殿背後の稲荷山を巡拝する「お山巡り」も人気で、参道にある朱塗りの千本鳥居は圧巻。

❸桃山御陵　明治天皇は桃山への埋葬を遺言に残しました。その陵墓が桃山御陵であり、皇后であった昭憲皇太后の陵墓も同地にあります。

❹御香宮神社　紀州徳川家より寄進された大鳥居のあった由緒ある神社で、鳥羽・伏見の戦では薩摩藩を中心に政府軍が占拠し、幕府側の伝習隊、会津・桑名藩、新撰組などの幕軍は近くに位置する伏見奉行所に陣を構えて戦いを展開しました。

❺伏見銀座跡　慶長6（１６０１）年、家康は伏見に日本最初の銀貨鋳造所を作らせ丁銀・小玉銀などの銀貨を独占的に鋳造させており、周辺には銀座会所・座人屋敷が建ち並びました。その後、銀座は京・両替町に移され伏見銀座は廃止されました。

❻大手町筋　伏見城に出入りする筋を中心に栄えた場所で、現在も大きな商店街として賑わっています。

❼札の辻跡　京町3丁目と讃岐町の交点が高札場跡で札の辻と呼ばれました。付近の料亭「魚三楼」の格子戸には、鳥羽・伏見の戦当時の弾痕が残っています。

❽土佐藩邸跡　土佐藩主・山内容堂は、鳥羽・伏見の戦は私戦であるため藩士に加わらないよう厳命しましたが、一部の藩士は命に背いて参戦しました。結果的に土佐藩は「復古討賊に大功あり」として朝廷から賞賛されており、幕末混乱期における藩内の複雑な事情が推察できます。

❾寺田屋　文久2（１８６２）年、薩摩藩内部の対立から勃発した寺田屋騒動の現場。坂本龍馬の定宿でもありました。

❿月桂冠大倉記念館　寛永14（１６３７）年、酒どころ・伏見で創業した「月桂冠」の記念館。貴重な酒造用具類を保存し、伏見の酒造りと日本酒の歴史を紹介しています。

牧方（枚方）宿▶守口宿▶大坂高麗橋

【コース距離＝全20・4キロ】

牧方（枚方）宿
▼11・4キロ
守口宿
▼9・0キロ
大坂高麗橋

現在の枚方付近の淀川

牧方（枚方）宿は京阪電車枚方市駅近くにあり、駅前には「東海道枚方宿」と記された碑と案内が置かれています。この宿は京と大坂のほぼ中間に位置し、三十石船が寄港したことから、船宿中心に発展した宿でした。特に三十石船が立ち寄ると茶舟が三十石船を囲み、「酒喰らわんか」「餅喰らわんか」と河内弁でぶっきらぼうに飲食を勧め、茶船は「くらわんか舟」と呼ばれるようになりました。船宿の中心・鍵屋は現在枚方市の資料館として公開され、予約すれば、名物「ごんぼ汁（ごぼう汁）」付の弁当も食べられ、江戸の旅人が舌鼓を打った味を楽しめます。

守口宿は東海道最終の宿駅として江戸初期にはその名が知られ、その後守口漬の発祥の地としても全国に広がりました。

❸牧方宿田葉粉屋

❶牧方宿の町屋

慶応4（1868）年3月に明治天皇が守口宿まで行幸され、行在所となった難宗寺《なんしゅうじ》と盛泉寺《じょうせんじ》に貴重な記録が残り、新政府への移行に伴う幅広い動きを知ることができます。

守口宿は豊臣秀吉が諸大名に命じて建設した淀川左岸の堤防道・文禄堤の上なので、幅も狭い宿ですが、虫籠窓を備えた旧家も残り、一部を除いて落ち着いた住宅街です。

東海道の終着点・高麗橋は三十石船の渡船場であった八軒家（屋）に近く、淀川支流に架かる比較的短い橋です。江戸時代の旅人はここを東海道の始点あるいは終点として人馬継立を行いました。

大坂の重要性が増すにつれ、多くの旅人が通過した高麗橋周辺ですが、今は比較的静かで、往時の賑わいを懐かしんでいる感じです。

江戸から大坂までの57次のコース案内は他にも散策候補地があります。機会を見て、ぜひお出掛けください。

❾大阪城

❹鍵屋資料館

⓬高麗橋・里程標跡

豆知識

「三十石船」と「くらわんか舟」

淀川には色々な船が行き交いましたが、伏見湊～牧方湊～大坂・八軒屋を結ぶ淀川舟運では三十石船が使われ、東海道の下りを中心に活躍しました。一方上りは流れに逆行するため岸から綱で牽かざるを得ない箇所もあり、時間を要し、運賃も高額なことから、歩くのが主流でした。なお、中間の牧方宿湊に寄港すると「くらわんか舟」と呼ばれる茶舟が近づき、酒・餅・寿司・ごぼう汁・煮しめなどをぶっきらぼうに飲食を勧めました。これが評判となり、売れ行き好調だったといいます。

枚方から寝屋川に続く散策路・水面回廊には三十石船が復元

参考データ

牧方（枚方）宿▶京阪電鉄枚方駅・枚方公園駅下車
　枚方文化観光協会　☎072（804）0033

守口宿▶京阪電鉄守口駅下車
　大阪観光コンベンション協会
　☎06（6282）5900

大坂高麗橋▶JR新大阪駅または大阪駅から市営地下鉄堺筋線に乗り換え北浜駅下車
　大阪観光コンベンション協会

見どころ案内

❶旧家の家並み（ばったり床机） 脚のついた、折りたたみ式の床机「ばったり床机」が残る旧家もあります。

❷淀川資料館 淀川舟運の歴史や治水・洪水の記録等を紹介する資料館。

❸木南喜右衛門家住宅（田葉粉屋） 問屋役人宅。江戸時代初期より庄屋と問屋役人を兼ね、幕末には農業、金融業も行い宿駅運営に大きな影響を及ぼした木南家の住居です。出格子、虫籠窓を備えた表屋造りの大型町屋（明治の建造）ですが非公開。

❹市立枚方宿鍵屋資料館 鍵屋は安永2（1773）年の文書の中で最初に名前が確認されます。江戸後期に三十石船の船待ちの宿として繁盛しました。枚方市が船宿を解体修理し江戸時代の姿に復元して内部を公開するほか、宿場に残された古文書や民具・出土品を展示し牧方宿や淀川舟運を紹介しています。

❺盛泉寺 慶長11（1606）年、教如上人に創建された寺院で、浄土真宗東本願寺派。「東御坊」と呼ばれています。慶応4年3月の「内侍所」跡が本堂前に残されています。

❻難宗寺 蓮如上人が文明9（1477）年に建立した歴史ある寺院で、浄土真宗西本願寺派に属し、「西御坊」とも呼ばれています。樹齢500年に及ぶ高さ25メートルの大銀杏が境内から宿駅を見守ります。

❼守口宿道標 難宗寺付近に建つ道標。「左　京」「すぐ守口街道」と書いてあります。

❽大塩平八郎宅跡 天保8（1837）年に蜂起したことで知られる江戸時代の儒学者・大塩平八郎の邸宅跡。

❾大阪城 豊臣秀吉が天下統一の拠点として築城した大坂城は大坂夏の陣（慶長20年）に落城し、徳川秀忠が再建した2代目大坂城は鳥羽・伏見の戦の混乱の中、焼失しました。現在の大阪城は昭和6年完成の3代目。

❿八軒家船着場跡 江戸時代に、三十石船が着発した渡船場。階段状の雁木を上がると周辺には8軒の船宿と旅籠・問屋・飛脚屋が並び客貨輸送の水陸結節点として賑わったことから八軒家と呼ばれるようになりました。

⓫高麗橋 東海道の終端は当初京橋口で後に高麗橋東詰となりました。伏見宿から三十石船に乗った旅人は八軒家に到着し、高麗橋まで少しばかり歩くことになります。

⓬里程元標跡 江戸時代は大坂での里程計算の起点は、高麗橋にありました。この地点は、京街道・中国街道・紀州街道など諸国への道の始まりでした。

あとがき

　街道散策すると、その地特有のものを見掛けたり、珍味に出会え、驚いたり喜んだりします。花木に関心ある方はタブ、椋、ナンジャモンジャ等の珍しい樹木や、ムラサキ麦、杜若、一両・十両・百両など昔から親しまれた樹木や花に出会うことも楽しみでしょう。

　このように街道ウォーキングは足腰を鍛える健康増進策であるとともに、街道の持つ歴史・自然・文化から衣食住まで教えてくれる雑学教室です。正に**街道散策は「歩いて足腰鍛錬に、学んで頭の健康に」繋がる全身健康法です。**東海道散策は江戸大学・街道学部・東海道学科へ入学したと言えるかもしれません。その実を上げるには江戸時代に関心を持つと同時に、建築、食物、花木など2、3の分野に興味を持って訪ねることが楽しく有意義です。東海道は、「幅広く学ぶ」ことを目標に、資料館等に立寄りながら歩かれることをお勧めします。


　なお、既に触れたように、**家康の伝馬制が歪んで伝承されており、このまま固定することが心配です。**

　東海道も当初は江戸から京まででしたが、幕府資料などに記載されているように大坂まで分岐・延長されており、53次と57次の両者を伝承すべきと思われます。どちらか一方で言う場合は広重の紹介した京までの53次に引きずられず、幕府資料を重視して「東海道は大坂まで」と伝えるのがベターと思われます。既に「東海道は京までの57次」と記載する大学受験用参考書も、「大津〜大坂間の4宿も東海道」と書いた高校教科書も出版されました。

　徳川家康公の功績は偉大であるだけに、正確に伝承しておきたいと思います。

　講演の最後に「東海道は大坂までの57次ですが、お孫さんに伝えると学校の試験で×となる可能性があり、御注意下さい」と付言せざるを得ないのは誠に残念です。

なお、実際に街道歩きをされる際には、始めは適宜鉄道・バスを利用されれば、足への負担は小さく、また効率的です。第5章に紹介したコースも公共輸送機関の駅を始終点とする関係で省略してよい区間も含めていますので、適宜タクシーも活用され、場合によっては1泊2日で歩かれれば、じっくり街道を学べます。東海道の特徴である「幅広く学ぶ街道」の散策例ですので、コース案をベースに読者の皆さんに合うよう、一部カットするなど、適当にアレンジして歩かれることをお勧めします。観光を重んじ過ぎると街道散策は長続きしません。江戸時代の遺構や街並みに重点を置き過ぎず、**街道から学ぶという気持ちで、極力解説板に目を通し、資料館に立寄りながら散策下さい。**知らなかったことに出会い、徐々に面白さが出てきます。

平成27年は家康公顕彰四百年祭の行われる記念すべき年です。この機会に是非旧街道の持つ秘めた可能性を認識され、健康に、学習に、観光に生かされることをお勧めすると同時に、本書がその一助となることを願う次第です。

なお、本書のため、貴重な資料をご提供いただいたり、写真撮影させていただいた公益財団法人・通信文化協会の郵政博物館、川崎・砂子の里資料館、東海道かわさき宿交流館、富士市立博物館、宿場町枚方を考える会、中山道みたけ館の皆様に心から感謝申上げ、厚く御礼申上げます。

最後に、本書の出版にあたり（株）ウェッジの布施知章社長と書籍部の新井梓さんに大変お世話になりましたことを申し添え、感謝して締めくくりと致します。

平成27年4月　　志田　威

29	浜　松	4里8町	64里24町45間※
30	舞　坂	2里半10町	67里16町45間
31	新　居	1里半	68里34町45間
32	白須賀	1里24町	70里22町45間
33	二　川	1里17町	72里3町45間
34	吉　田	1里半2町	73里23町45間
35	御　油	1里半4町	76里9丁45間
36	赤　坂	16町	76里25町45間
37	藤　川	2里9町	78里34町45間
38	岡　崎	1里半　7丁	80里23町45間
39	池鯉鮒	3里半11町22間	84里17町7間
40	鳴　海	2里半12丁	87里11丁7間
41	熱　田	1里半6町	88里35丁7間
42	桑　名	7里	95里35町7間
43	四日市	3里8町	99里７町7間
44	石薬師	2里半9丁	101里34町7間
45	庄　野	25丁	102里23町7間
46	亀　山	2里	104里23町7間
47	関	1里半	106里5丁7間
48	坂　下	1里半6町	107里29丁7間
49	土　山	2里半	110里11丁7間
50	水　口	2里半7丁	113里7間
51	石　部	3里半	116里18町7間
52	草　津	2里半17町54間	119里18町1間
53	大　津	3里半6町	123里6町1間
54	伏　見	4里8町	127里14町7間
55	淀	1里14丁	128里28町1間※
56	牧方（枚方）	3里12町	132里4町1間
57	守　口	3里	135里4町1間
	大坂高麗橋	2里	137里　4町1間

・東海道宿村大概帳（天保14年道中奉行所調査記録）より作成。

・※当時の計算に誤りがあると思われるが、宿村大概帳の通り転載。

・宿駅により「町を丁」、「18町を半里」と記載する慣行がある。これについては宿駅の報告を重視し、「宿村大概帳」通りに記載した。

付表

【東海道57次の里程】

（東海道57次・中山道67次交流館作成資料より）

	宿駅名	前宿からの距離	日本橋からの距離
	日本橋		
1	品　川	2里	2里
2	川　崎	2里半	4里半
3	神奈川	2里半	7里
4	保土ヶ谷	1里9町	8里9町
5	戸　塚	2里9町	10里半
6	藤　沢	2里	12里半
7	平　塚	3里半	16里
8	大　磯	27町	16里27町
9	小田原	4里	20里27町
10	箱　根	4里8町	24里35町
11	三　嶋	3里28町	28里27町
12	沼　津	2里半	30里9町
13	原	1里半	31里27町
14	吉　原	3里22間	34里27町22間
15	蒲　原	2里半12町23間	37里21町45間
16	由　比	1里	38里21町45間
17	興　津	2里12町	40里33町45間
18	江　尻	1里2町	41里35町45間
19	府　中	2里25町	44里24町45間
20	丸　子	1里16町	46里4町45間
21	岡　部	2里	48里4町45間
22	藤　枝	1里26町	49里30町45間
23	嶋　田	2里8町	52里2町45間
24	金　谷	1里	53里2町45間
25	日　坂	1里24町	54里26町45間
26	掛　川	1里29町	56里19町45間
27	袋　井	2里16町	58里35町45間
28	見　附	1里半	60里17町45間

28	見附	1,029	2	1	56		59	5.7	3,935	1,898	2,037		1
29	浜松	1,622	6	0	94		100	6.2	5,964	2,932	3,032		1
30	舞坂	541	2	1	28		31	5.7	2,475	1,254	1,221		1
31	新居	797	3	0	26		29	3.6	3,474	1,776	1,698		1
32	白須賀	613	1	1	27		29	4.7	2,704	1,381	1,323		1
33	二川	328	1	1	38		40	12.2	1,468	721	734		2
34	吉田	1,293	2	1	65		68	5.3	5,277	2,505	2,772		1
35	御油	316	4	0	62		66	20.9	1,298	560	738		1
36	赤坂	349	3	1	62		66	18.9	1,304	578	726		1
37	藤川	302	1	1	36		38	12.6	1,213	540	673		1
38	岡崎	1,565	3	3	112		118	7.5	6,494	3,081	3,413		1
39	池鯉鮒	292	1	1	35		37	12.7	1,620	876	744		1
40	鳴海	847	1	2	68		71	8.4	3,643	1,792	1,851		1
41	熱田(宮)	2,924	2	1	248		251	8.6	10,342	5,133	5,209		1
42	桑名	2,544	2	4	120		126	5.0	8,848	4,390	4,458		1
43	四日市	1,811	2	1	98		101	5.6	7,114	3,522	3,592		1
44	石薬師	241	3	0	15		18	7.5	991	472	519		1
45	庄野	211	1	1	15		17	8.1	855	413	442		1
46	亀山	567	1	1	21		23	4.1	1,549	790	759		1
47	関	632	2	2	42		46	7.3	1,942	1,008	934		1
48	坂下	153	3	1	48		52	34	564	272	292		1
49	土山	351	2	0	44		46	13.1	1,505	760	745		1
50	水口	692	1	1	41		43	6.2	2,692	1,314	1,378		1
51	石部	458	2	0	32		34	7.4	1,606	808	798		1
52	草津	586	2	2	72		76	13.0	2,351	1,172	1,179		1
53	大津	3,650	2	1	71		74	2.0	14,892	7,306	7,586		1
54	伏見	6,245	4	2	39		45	0.7	24,227	11,996	12,231		2
55	淀	836	0	0	16		16	1.9	2,847	1,451	1,396		1
56	牧方(枚方)	378	1	0	69		70	18.5	1,549	630	919		2
57	守口	177	1	0	27		28	15.8	764	370	394		1

・東海道宿村大概帳(天保14年の幕府道中奉行所調査)に基づく宿駅概況

・「注」は①宿村大概帳における誤記載　または②災害直後の仮報告 のため「事実と異なる可能性(災害以前の数値)」を示す。

・赤字は重要伝統的建造物群保存地区(関宿)及び建設省指定の歴史国道地区(蒲原宿～由比宿、藤川宿、関宿)

なお、14吉原と15蒲原の間に「間の宿・岩淵」があり、「間の宿・岩淵～蒲原宿～由比宿」が歴史国道に指定されている。

付表

【東海道57次の宿駅概要】

(東海道57次・中山道67次交流館作成資料より)

	宿駅名	戸数(軒)	本陣(軒)	脇本陣(軒)	旅籠(軒)		宿泊所総数(件)	宿泊所率(%)	人口(人)	男性	女性		問屋場
1	品川	1,561	1	2	93		96	6.1	6,890	3,272	3,618		1
2	川崎	541	2	0	72		74	13.7	2,433	1,080	1,353		1
3	神奈川	1,341	2	0	58		60	4.5	5,793	2,944	2,849		1
4	保土ヶ谷	558	1	3	67		71	12.7	2,928	1,374	1,554		1
5	戸塚	613	2	3	75		80	13.1	2,906	1,397	1,509		3
6	藤沢	919	1	1	45		47	5.1	4,089	2,046	2,043		2
7	平塚	443	1	1	54		56	12.6	2,114	1,106	1,008		2
8	大磯	676	3	0	66		69	10.2	3,056	1,517	1,498	注	2
9	小田原	1,542	4	4	95		103	6.7	5,404	2,812	2,592		2
10	箱根	197	6	1	72	注	79	40.1	844	438	406		2
11	三島	1,025	2	3	74		79	7.7	4,048	1,929	2,119		1
12	沼津	1,234	3	1	55		59	4.8	5,346	2,663	2,683		1
13	原	398	1	1	25	注	27	6.8	1,939	957	984	注	1
14	吉原	653	2	3	60	注	65	9.2	2,832	1,328	1,504		2
15	蒲原	509	1	3	42		46	9.0	2,480	1,251	1,229		1
16	由比	160	1	1	32		34	21.3	713	356	351	注	2
17	興津	316	2	2	34		38	12.0	1,668	809	859		1
18	江尻	1,340	2	3	50		55	4.1	6,498	3,160	3,338		1
19	府中	3,673	2	2	43		47	1.3	14,071	7,120	6,951		1
20	丸子	211	1	2	24		27	12.8	795	366	429		1
21	岡部	487	2	2	27		31	6.4	2,322	1,157	1,165		2
22	藤枝	1,061	2	0	37		39	3.7	4,425	2,208	2,217		2
23	島田	1,461	3	0	48		51	3.5	6,727	3,400	3,327		1
24	金谷	1,004	3	1	51		55	5.5	4,271	2,074	2,197		1
25	日坂	168	1	1	33		35	20.8	750	353	397		1
26	掛川	960	2	0	30		32	3.3	3,443	1,634	1,809		1
27	袋井	195	3	0	50		53	27.2	843	379	464		1

「宿泊所率」は宿泊所総数を「戸数」で割った値です

【参考資料】

「東海道分間延絵図」幕府・道中奉行所作成、郵政博物館蔵

「東海道宿村大概帳」幕府・道中奉行所作成、郵政博物館蔵

『近世交通史料集』児玉幸多校訂、吉川弘文館

『歩いてみよう草津宿』草津宿街道交流館編、草津市教育委員会

『枚方宿の今昔』宿場町枚方を考える会

『富士川を渡る歴史』富士市立博物館編

『静岡・コリア交流の歴史』「静岡に文化の風を」の会

『広重東海道五拾三次』川崎・砂子の里資料館監修、東海道かわさき宿交流館

『岡崎宿　伝馬』岩月栄治・堀江登志美監修、岡崎市伝馬通商店街振興組合

『山岡鐵舟　空白の二日間――「望嶽亭・藤屋」と清水次郎長』若杉昌敬著

『江戸時代』山本博文監修、小学館

『シュリーマン旅行記　清国・日本』ハインリッヒ・シュリーマン著、石井和子訳、講談社

『江戸の教育に学ぶ』小泉吉永著、日本放送出版協会

『家康公の史話と伝説とエピソードを訪ねて』黒澤脩著、静岡市

『関所手形』新居関所史料館編

『癒しの旅情　西国巡礼の旅』草津市街道交流館編

『東海道と新居関所　新居宿』新居関所史料館編、新居町教育委員会

『関所　箱根・福島・今切』新居関所史料館編

国土地理院ホームページ「地理院地図」色別標高図（加工して使用）

【著者略歴】

志田 威（しだ たけし）

「東海道町民生活歴史館」「東海道57次・中山道67次交流館」館主、
恵那市観光協会「恵那観光大使」。
昭和18年、旧蒲原宿内で江戸時代から醸造業などを営んでいた旧家に生まれる。
東京大学経済学部卒、日本国有鉄道を経て昭和62年東海旅客鉄道に入社し、
経営管理室長、取締役総務部長、常務取締役、専務取締役、ジェイアール東海不動産社長を歴任した。
現在は、国登録有形文化財の指定を受けた実家の志田邸を公開し、
併せて前記3館の館主を務めながら、
東海道の歴史・文化を普及する講演・執筆活動を続けている。
著書に『「東海道五十七次」の魅力と見所』（交通新聞社）など。

東海道57次

2015年4月20日　第1刷発行

［著者］
志田 威

［発行者］
布施知章

［発行所］
株式会社ウェッジ
〒101-0052　東京都千代田区神田小川町一丁目3番地1
NBF小川町ビルディング 3階
電話03-5280-0528　FAX03-5217-2661
http://www.wedge.co.jp/　振替00160-2-410636

［装丁・本文組版］
中山デザイン事務所

［折込み地図制作］
佐藤睦美

［印刷・製本所］
図書印刷株式会社

※定価はカバーに表示してあります。　ISBN978-4-86310-144-9　C0026

ウェッジ選書

1 人生に座標軸を持て
松井孝典・三枝成彰・葛西敬之【共著】

2 地球温暖化の真実
住　明正【著】

3 遺伝子情報は人類に何を問うか
柳川弘志【著】

4 地球人口100億の世紀
大塚柳太郎・鬼頭　宏【共著】

5 免疫、その驚異のメカニズム
谷口　克【著】

6 中国全球化が世界を揺るがす
国分良成【編著】

7 緑色はホントに目にいいの?
深見輝明【著】

8 中西進と歩く万葉の大和路
中西　進【著】

9 西行と兼好
小松和彦・松永伍一・久保田淳ほか【共著】

10 世界経済は危機を乗り越えるか
川勝平太【編著】

11 ヒト、この不思議な生き物はどこから来たのか
長谷川眞理子【編著】

12 菅原道真
藤原克己【著】

13 ひとりひとりが築く新しい社会システム
加藤秀樹【編著】

14 〈食〉は病んでいるか
鷲田清一【編著】

15 脳はここまで解明された
合原一幸【編著】

16 宇宙はこうして誕生した
佐藤勝彦【編著】

17 万葉を旅する
中西　進【著】

18 巨大災害の時代を生き抜く
安田喜憲【編著】

19 西條八十と昭和の時代
筒井清忠【編著】

20 地球環境 危機からの脱出
レスター・ブラウンほか【共著】

21 宇宙で地球はたった一つの存在か
松井孝典【編著】

22 役行者と修験道
久保田展弘【著】

23 病いに挑戦する先端医学
谷口　克【編著】

24 東京駅はこうして誕生した
林　章【著】

25 ゲノムはここまで解明された
斎藤成也【編著】

26 映画と写真は都市をどう描いたか
高橋世織【編著】

27 ヒトはなぜ病気になるのか
長谷川眞理子【編著】

28 さらに進む地球温暖化
住　明正【著】

29 超大国アメリカの素顔
久保文明【編著】

30 宇宙に知的生命体は存在するのか
佐藤勝彦【編著】

31 源氏物語
藤原克己・三田村雅子・日向一雅【著】

32 社会を変える驚きの数学
合原一幸【編著】

33 白隠禅師の不思議な世界
芳澤勝弘【著】

34 ヒトの心はどこから生まれるのか
長谷川眞理子【編著】

35 アジアは変わるのか 改訂版
松井孝典・松本健一【編著】

36 川は生きている
森下郁子【編著】

37 生物学者と仏教学者 七つの対論
斎藤成也・佐々木閑【共著】

38 オバマ政権のアジア戦略
久保文明【編著】

39 ほろにが菜時記
塚本邦雄【著】

40 兵学者 吉田松陰
森田吉彦【著】

41 新昭和史論
筒井清忠【編著】

42 現代中国を形成した二大政党
北村　稔【著】

43 塔とは何か
林　章【著】

44 ラザフォード・オルコック
岡本隆司【著】

45 あくがれ
水原紫苑【著】

46 スパコンとは何か
金田康正【著】

47 「瓢鮎図」の謎
芳澤勝弘【著】

48 達老時代へ
横山俊夫【編著】

49 気候は変えられるか?
鬼頭昭雄【著】

50 鉄といのちの物語
長沼　毅【著】

51 これだけは知っておきたい認知症Q&A 55
丸山　敬【著】